Acción social:

El pueblo cristiano testifica del amor de Dios

Hugo Magallanes

ABINGDON PRESS / Nashville

ACCIÓN SOCIAL: EL PUEBLO CRISTIANO TESTIFICA DEL AMOR DE DIOS

Derechos reservados © 2012 por Abingdon Press

ISBN-13: 978-1-4267-5810-2

12 13 14 15 16 17 18 19 20 21–10 9 8 7 6 5 4 3 2 1
HECHO EN LOS ESTADOS UNIDOS DE NORTEAMÉRICA

Dedicatoria

A David y Erick Magallanes,
con gratitud a Dios por sus vidas
y en reconocimiento por su labor social y misionera
en su grupo de jóvenes;
es una bendición de Dios ser el padre de ambos.

Agradecimientos

Agradezco a Dios por la oportunidad y el privilegio de compartir con cada persona que lea este libro mi punto de vista con respecto al trabajo social de la iglesia, algunas de mis experiencias pastorales y, a la vez, mis reflexiones bíblicas, éticas y teológicas. También agradezco a mi familia, mi esposa e hijos, por su apoyo incondicional al redactar y trabajar en este proyecto. Proyectos como este requieren dedicación y tiempo. Gracias al semestre de licencia sabática que me otorgó la Escuela de Teología Perkins (Perkins School of Theology) de la Universidad Metodista del Sur (Southern Methodist University) pude culminar este y otros proyectos durante estos meses. Finalmente, agradezco a la Asociación para la Educación Teológica Hispana (AETH) por la oportunidad de participar en esta serie titulada **Ministerio**, la cual considero una excelente manera de atender a las necesidades de nuestras comunidades y de proveer pautas prácticas y pertinentes a seguir en la tarea de ministrar a nuestro pueblo en los Estados Unidos y Latinoamérica. También le doy las gracias a cada lector y a cada lectora por tomar el tiempo de leer estas páginas. Espero en Dios que las sugerencias y recomendaciones presentadas en este libro sean de bendición para cada uno de ustedes y sus ministerios.

Tabla de contenido

Introducción

Algunas personas ven el trabajo social de la iglesia local como «el patito feo» de nuestra fe; como algo que se debe hacer pero que nadie quiere hacerlo. Aun más, hay quienes consideran que este tipo de ministerio no es necesario y que el trabajo de ofrecer ayuda social le corresponde al gobierno y a otras agencias no gubernamentales, pero nunca a la iglesia. Por estas razones, en este libro presento las bases y los fundamentos necesarios para responder a estas formas de pensar y tratar de cambiar la percepción de que el objetivo de la iglesia es solamente espiritual, sin ninguna implicación social. De la misma manera, espero que las sugerencias y métodos aquí presentados sean útiles para desarrollar ministerios de acción social que sirvan para aliviar las necesidades y sufrimientos de nuestro pueblo hispano y de la gente pobre y vulnerable que se encuentra en las comunidades a las cuales ministramos. En este libro no pretendo ofrecer soluciones a todas las necesidades sociales de nuestras comunidades. Más bien, mi deseo es presentar pautas y parámetros a seguir para que tanto líderes ministeriales y personas laicas, trabajando en unidad, puedan identificar las necesidades primordiales de sus comunidades. Una vez identificadas estas necesidades, deben crear un plan de acción que dé respuesta a corto y a largo plazo a cada uno de dichas necesidades. Aclaro que las sugerencias y pautas mencionadas en este libro sólo pueden ser útiles en algunas ocasiones, ya que cada comunidad tiene una identidad propia. Por esta razón, decidí presentar sugerencias y pautas flexibles que se puedan ajustar a cada circunstancia en lugar de presentar un plan rígido.

Finalmente, espero haber comunicado efectivamente que no estoy proponiendo que la acción social es el todo de la vida cristiana; presentado es un argumento y sugiriendo formas practicas de ver que la acción social es un aspecto esencial que no debe de ser substituido, ya que es parte integral de nuestra fe y de nuestra tradición cristiana. Por lo tanto, el no incluir este aspecto en nuestras iglesias, nuestros ministerios y en nuestra vida personal resulta en una fe, hasta cierto punto, mediocre y en una vida cristiana a «medias», ya que el amor al prójimo requiere de acciones de nuestra parte, no solo de palabras, sermones o clases de estudio bíblico. Amar al prójimo es una parte esencial de la vida cristiana, por eso espero que este libro nos ayude a ver esta realidad y a encontrar formas viables, concretas y prácticas de expresar el amor de Dios con hechos y acciones tanto de una manera personal como corporativa. Espero en Dios que así sea y que la gente que sufre, el pueblo de Dios, pronto pueda recibir ayuda debido a nuestras convicciones y nuestro trabajo a favor de ellos.

1

Bases bíblicas y teológicas: El amor infinito de Dios en acción

Antes de presentar pasos prácticos y estrategias a seguir para motivar e involucrar líderes laicos y congregaciones a que tomen parte activa en la labor social en sus comunidades, creo que es de vital importancia exponer las razones principales, los principios bíblicos y teológicos, que fundamentan esta importante tarea.[1] En muchas ocasiones la tarea y la responsabilidad social de la comunidad cristiana es olvidada precisamente porque es vista como algo secundario, no esencial y, por lo tanto, opcional. Esto explica por qué esta labor usualmente es relegada a un segundo término. Los fundamentos que serán presentados a continuación tienen el objetivo de proveer las bases y los argumentos necesarios para entender y practicar la labor social en nuestra comunidad como una parte integral (no opcional) en la vida cristiana, de una manera personal, y en la vida de la comunidad cristiana, de una manera corporativa. Estos fundamentos pueden ser utilizados para preparar estudios bíblicos y sermones o como material de estudio para preparar tanto líderes como la congregación en general. Una vez que estas bases sean presentadas, la reacción común deberá ser un sincero deseo de involucrarse y desarrollar ministerios efectivos para servir al pueblo y para mitigar las necesidades sociales de la comunidad donde se encuentra localizada la congregación.

Por supuesto que la explicación que a continuación se ofrece no pretende ser un estudio exhaustivo de todo el material bíblico. Nuestro objetivo es proveer referencias bíblicas e interpretaciones que nos lleven a entender el amor de Dios en acción; la manera que Dios quiere que su pueblo sirva a la gente de su alrededor como una muestra y expresión del carácter divino y su amor incondicional.

Antiguo Testamento

A pesar de que la comunidad cristiana no es una realidad tangible en el Antiguo Testamento (en adelante, el AT), las bases y la importancia de la labor y responsabilidad social del pueblo de Dios son evidentes en las primeras páginas del Biblia Hebrea. Aún antes del establecimiento de Israel como el pueblo de Dios, y aún antes del nacimiento de Cristo y el establecimiento de su iglesia, Dios muestra la esencia de su carácter y el deseo que sus seguidores reflejen este carácter en sus acciones diarias; particularmente cuando estas acciones tienen que ver con la gente y el medio ambiente que nos rodea. Solamente hay que leer la narrativa de la creación (Génesis 1 y 2) para observar que todo lo que Dios creó es bueno, lo que en sí es una declaración ética—es decir que tiene valor moral. La declaración divina le da carácter y pertinencia a la obra, no es sólo un objeto creado que tiene cierta utilidad o capacidad. Es mucho más que eso; es un reflejo de la bondad de Dios y por lo tanto es bueno.

El valor intrínseco de la creación no solo se manifiesta en actos de expresión del poder creativo de Dios, sino que toda la creación y el propio Creador se encuentran en armonía, en un equilibrio perfecto. Los seres vivientes y los objetos creados no se encuentran aislados los unos de los otros, sino que ambos forman parte de una perfecta armonía, donde hay un equilibrio perfecto y todos los elementos funcionan en colaboración unos con otros y con el mismo Creador. Es decir, sin lugar a dudas la narrativa de la creación describe el poder creativo de Dios y su carácter bondadoso. De igual manera indica que todo lo que fue creado tiene una relación directa y personal con el Creador mismo. De esta manera podemos ver que toda la creación, incluyendo la flora y la fauna, los humanos y los objetos, El Creador y la totalidad de su creación, se encuentran en perfecta armonía, es decir manteniendo un equilibrio perfecto y balanceado. La armonía se extiende aún entre estos mismos aspectos, es decir el medio ambiente y los seres vivientes; Dios y los seres vivientes; entre los seres humanos, y el hombre y la mujer. Todos mantienen una relación armónica con Dios, con el medio ambiente que los rodea y con el resto de los seres vivientes. Este tipo de explicación e interpretación de la narrativa de la creación es de vital importancia. No solo porque es el punto de partida tradicional de nuestro entendimiento de las bases y los principios del plan de Dios y la fe Cristiana, sino también porque muestra la intención original y el estado ideal que Dios formó como muestra de su carácter y amor divino.

Tradicionalmente la forma común de presentar la invitación a la vida cristiana nos lleva precisamente a la narrativa de la creación. Usualmente la presentación inicia con una descripción del Paraíso en toda su perfección y armonía, pero luego se describe la caída, es decir, el problema del pecado y la desobediencia de la raza humana, representada en las acciones de Adán y Eva (quienes son expulsados del Paraíso por su desobediencia). Desde ese entonces la armonía y comunicación con Dios se han destruido y la única manera de reparar estos aspectos es a través de Jesucristo. Por lo tanto, una vez que la persona acepta a Jesucristo es restaurada; su relación personal y su comunicación es restablecida.

Esta forma tradicional de presentar el mensaje y el plan de Dios es una manera efectiva que ha llevado a muchas personas al arrepentimiento y buscar a Dios como Señor de sus vidas, lo cual es digno de alabanza y es parte de nuestra labor reconciliadora. Sin embargo, este tipo de método tradicional lleva y dirige al nuevo creyente a una relación privada, que solamente tiene implicaciones espirituales. En cierta forma, el mensaje de armonía con los demás aspectos de la creación son relegados y frecuentemente completamente olvidados. Por lo tanto, me pregunto: ¿Por qué solo restaurar nuestra relación con Dios de una manera personal, si esto lleva a una fe privada e individualista? ¿Por qué no continuar con la labor de restauración con los otros aspectos de la creación? ¿Por qué no incluimos el medio ambiente y otros seres vivientes (humanos, la flora, la fauna, etc.) como parte del plan de restauración que Dios ofrece?

Es decir, muchas veces nos conformamos con que las personas tengan una relación personal y privada con Dios, como el fin y la conclusión del plan de salvación, por medio de la obra redentora de Cristo. Pero, ¿qué de los otros aspectos? ¿Cuál es la responsabilidad del cristiano, en particular, y de la comunidad cristiana, en general, con respecto al medio ambiente? ¿Cuál es nuestra labor de reconciliación con respecto a los otros seres vivientes—la flora, la fauna y los otros seres humanos? En mi opinión, la lectura cuidadosa de la narrativa de la creación nos demuestra la importancia del balance y la armonía como parte esencial del valor asignado por Dios a su creación.

El mensaje de salvación y restauración, desde este punto de vista, no se limita solamente al rescate individual de almas; también debe incluir el resto de la creación como parte integral del plan de restauración de Dios y de nuestra tarea como colaboradores con Dios en dicha tarea de restauración. Quienes nos llamamos «Cristianos» tenemos el deber y responsabilidad (más aún, el gran privilegio) de proclamar y trabajar para restaurar el equilibrio y la armonía descrita en las primeras páginas de las Escrituras. Y queda claro que esta tarea se desarrolla en el nombre y bajo el señorío de Jesús.

La narrativa de la creación no es el único pasaje en el AT donde podemos observar la importancia de nuestra responsabilidad moral con respecto al medio ambiente que nos rodea. Muchas de las narrativas del AT están dedicadas a promover la justicia para los pobres y los extranjeros. La lectura del mensaje de los profetas demuestra la importancia de la relación que existe entre adorar a Dios y proveer para las necesidades de los pobres, las viudas, los huérfanos y los extranjeros. En los libros de Levítico y Deuteronomio también encontramos leyes e instrucciones específicas en las cuales el pueblo de Israel, por mandato divino, debe de cuidar y proteger aquellos que se encuentran al margen de la sociedad. En repetidas ocasiones Dios instruye a su pueblo a cuidar y tomar responsabilidad por el pobre y el extranjero (por ejemplo, véase en Levítico 19: 9-11). De igual manera, y con la misma importancia, el libro del Éxodo presenta la responsabili-

dad del Pueblo de Dios con respecto a las viudas y los huérfanos (Éxodo 22: 21-25). Estos pasajes indican lo que Dios espera de
su pueblo, lo cual se hace evidente cuando Dios declara las razones de las leyes del Jubileo y las instrucciones de las leyes de
la Remisión, que se encuentran en Deuteronomio 15 y en Levítico
11 y 25.

En estos pasajes encontramos una gran serie de leyes e instrucciones, también encontramos la razón que sustenta las mismas.
Las leyes e instrucciones tienen un objetivo principal: la formación de un pueblo diferente al resto. Es decir, Dios desea que su
pueblo dé testimonio de quién es Dios. Por lo tanto, las leyes e
instrucciones divinas sirven para formar el carácter y la identidad del pueblo de Dios. Obviamente, las leyes afirman la importancia de adorar a Dios y de reconocer sus actos de creación,
poder y liberación. Empero, de la misma manera las leyes e instrucciones demandan que el pueblo de Dios preste atención a los
necesitados, a los forasteros y a las personas vulnerables que son
parte de esta comunidad.

De nuevo, si el plan de restauración de Dios es solo personal y
espiritual, entonces: ¿por qué Dios demanda de su pueblo que
tenga cuidado de la personas vulnerables dentro de esta comunidad? Si Dios sólo está preocupado por una salvación espiritual
e individual, entonces: ¿por qué llama a todo al pueblo a ser benevolente con los forasteros y a cuidar de las viudas y de los huérfanos? Aún más, ¿por qué pide Dios que se deje descansar la tierra
por año como una manera de recocer que Dios es el Creador?

Las respuestas a estas preguntas nos llevan al centro del corazón de Dios. La razón primordial de las leyes e instrucciones
dadas en el Antiguo Testamento se reduce a la siguiente afirmación: Dios es amor. Dios es un Dios de amor que desea y busca la
paz, la armonía y el balance perfecto de toda la creación. Dios
desea que su pueblo refleje este amor como parte del aspecto
esencial de la identidad de cada uno de ellos.

Una de las preguntas esenciales que se encuentra de manera
implícita en la narrativa de la creación es: ¿por qué Dios creó el
universo y los seres vivientes? A esta pregunta se le han dado varias respuestas, como, por ejemplo: que Dios se sentía solo, o que
estaba en busca de compañía, o quizás que Dios tenía necesidad

de ser adorado y por lo tanto creó seres que ese fin. Estas respuestas son un tanto problemáticas, ya que implican que Dios tiene necesidades básicas, y que por estas necesidades Dios creó el universo y los seres vivientes. Este tipo de explicación va en contra de la definición propia de Dios, un ser autosuficiente –es decir sin alguna necesidad. Por lo tanto, el decir que Dios se sentía solo o que tenía necesidad de ser adorado reduce a Dios. Lo presenta como un ser limitado que no es autosuficiente; es decir, que pierde uno de los atributos esenciales divinos.

Si bien estas razones no dan la respuesta correcta, hay otra explicación que no solo reconoce la autosuficiencia divina, pero que también nos ayuda a entender las leyes e instrucciones establecidas más adelante en el AT. Si la esencia del carácter de Dios es amor, entonces, el motivo de la creación y la creación en sí misma son resultados y manifestación del amor divino. Por amor Dios creó el universo y todos los seres vivientes; no por necesidad, ni obligación, ni por necesidad de adoración, sino como una muestra de su amor incondicional e infinito, una muestra de quién es Dios y un reflejo de su carácter. Por lo tanto, la creación refleja la armonía y perfección del amor de Dios. El amor de Dios es fiel y eterno, aún cuando parte de su creación decida alejarse de Dios, como en el caso de la caída. Dios, en su amor, no destruye la humanidad ni su creación, sino que provee un plan para redimirlos y restablecer la armonía y perfección original.

Precisamente, parte de este plan es el llamado del pueblo de Dios, el cual forja su identidad de acuerdo al carácter de Dios. Por lo tanto, este pueblo está llamado a demostrar el amor de Dios en su vida diaria, en la forma de atender a las personas vulnerables y en la manera de tener cuidado del medio ambiente. Las leyes e instrucciones dadas en el AT tienen la función de forjar la identidad de pueblo de Dios de manera que cada creyente refleje el carácter del Dios quién le llamó, el cual en su esencia es amor. Entonces, porque Dios es amor, el pueblo de Dios es llamado a ejercer este amor.

Pero la palabra «amor» en nuestro vocabulario se ha convertido en algo trivial; se ha convertido en un amor interesado e egoísta. Por ejemplo, el verbo amar es usualmente relacionado con y utilizado para expresar los sentimientos, las emociones y el afecto que la parejas sienten el uno por el otro. Empero, en muchas ocasiones la declaración «te amo» deja de tener valor al momento que uno de los integrantes de la pareja comete un error grave o incurre en una infidelidad. El amor prometido deja de existir, ya que las emociones y sentimientos son volubles y cada cual reacciona de una manera negativa frente a la infidelidad del otro.

Por otra parte, el amor expresado en estos términos tiene una tendencia egocéntrica. Es decir, estamos dispuestos a amar, siempre y cuando este amor sea correspondido. Esto nos lleva a considerar al aspecto egoísta de este amor trivial, pues la manera de saber si nuestro amor es correspondido tiene que ver con elementos tales como los siguientes: si la otra persona se ajusta a mis deseos, si la otra persona satisface mis necesidades o si la otra persona siempre busca mi bienestar. Esto no está del todo mal, pero muchos veces este tipo de actitud no es reciproca. Esto es aún peor cuando ambas personas aman de manera egoísta y sin ningún deseo de cambiar su estilo de vida para complacer a la pareja.

Este no es el tipo de amor que encontramos en la forma que Dios se relaciona con su creación. Dios, sin ningún interés personal y sin esperar nada a cambio, creó al universo y los seres vivientes. Dios, en su infinito amor, creó la humanidad para tener una relación personal y comunitaria con ella, y le concedió libre albedrío para aceptar o rechazar esta muestra de amor. Y aún después del rechazo humano, Dios buscó la manera de alcanzar y redimir toda su creación, motivado por su amor incondicional.

El amor de Dios no es como el amor que se profesa entre parejas, el amor de Dios es incondicional y es la motivación principal del carácter de Dios. Cuando Dios llama a su pueblo y le pide que refleje su carácter divino, obviamente requiere que ellos amen de la manera que Dios ama. Por lo tanto, las leyes y las instrucciones que Dios da tienen el propósito de forjar la identidad de su pueblo, para que aprenda a amar de la manera como Dios ama. De esta manera, el cuidar de la creación y el atender, cuidar y proteger a la gente vulnerable de la comunidad son acciones que demuestran el carácter y el amor incondicional de Dios. La motivación para ayudarles y proveer para su bienestar no es primordialmente que estas personas tienen necesidad. Tampoco se les ayuda para cumplir con un reglamento más, ni mucho menos para sentirnos mejores o más valiosos que ellos. La motivación de estas acciones encaminadas a ayudar a los pobres, a los forasteros, a las viudas y a los huérfanos es demostrar el carácter y el amor de Dios. Por lo tanto, la responsabilidad del pueblo de Dios de ayudar a otros no es antropocéntrica, ni tampoco busca la satisfacción personal; más bien, es una responsabilidad con Dios. Es decir, el Dios Creador, el Dios quien llamó a su pueblo, desea que todos los que le siguen reflejen su amor, la esencia de su carácter; desea que su pueblo sea un reflejo efectivo y que demuestre de una manera tangible el amor de Dios. Esta perspectiva es esencial y fundamental para entender la motivación, la responsabilidad y la labor del pueblo de Dios en relación con la comunidad que les rodea y el medio ambiente en el cual habitan.

Antes de pasar al Nuevo Testamento y ver el amor infinito de Dios en acción en la vida y ministerio de Jesucristo, deseo compartir un pasaje más del Antiguo Testamento como un resumen de lo anterior y como una evidencia más de la responsabilidad social que Dios nos ha dado como parte de su llamado a formar parte del pueblo de Dios. El pasaje al que me refiero es Isaías 58. En este pasaje, el profeta cuestiona los motivos, los rituales y la práctica del ayuno. Es evidente que Dios se muestra indignado, ya que su pueblo ha perdido el verdadero significado del ayuno. A pesar de que el pueblo de Dios practicaba el ayuno de una manera rutinaria y seguía cuidadosamente los rituales y costumbres propias del ayuno, sus sacrificios no complacen a Dios. ¿Por qué? Porque el pueblo de Dios ha usado el ayuno de una manera egoísta; simplemente como un ritual obligatorio que forma parte de sus tradiciones. Por lo tanto, Dios denuncia esta práctica y muestra su indignación porque el pueblo ha olvidado el propósito original del ayuno, dado que esta práctica fue diseñada para dar reverencia a Dios y como una práctica que demuestra el amor y el carácter de Dios. Sin embargo, el pueblo de Dios ha hecho del ayuno un ritual personal sin ninguna responsabilidad social; es decir, se han olvidado de buscar el bienestar de aquellos que tienen necesidad y que son vulnerables entre ellos. La indignación de Dios está directamente relacionada con los actos de negligencia social, como lo declara el profeta de la siguiente manera, en los versículos 3 al 7 del capítulo 58 (el énfasis es mío):

16

¿Por qué, dicen, ayunamos, y no hiciste caso; humillamos nuestras almas, y no te diste por entendido? He aquí que en el día de vuestro ayuno **buscáis vuestro propio gusto, y oprimís a todos vuestros trabajadores.** He aquí que para contiendas y debates ayunáis y para herir con el puño inicuamente; no ayunéis como hoy, para que vuestra voz sea oída en lo alto. ¿Es tal el ayuno que yo escogí, que de día aflija el hombre su alma, que incline su cabeza como junco, y haga cama de cilicio y de ceniza? ¿Llamaréis esto ayuno, y día agradable a Jehová? ¿No es más bien el ayuno que yo escogí, **desatar las ligaduras de impiedad, soltar las cargas de opresión, y dejar ir libres a los quebrantados,** y que rompáis todo yugo? **¿No es que partas tu pan con el hambriento, y a los pobres errantes albergues en casa; que cuando veas al desnudo, lo cubras, y no te escondas de tu hermano?** (RVR, 1960)

El mensaje es claro: el pueblo de Dios practica el ayuno por su propio bien y gusto; ayunan para reforzar la idea que ellos son mejores que los demás y que son el pueblo de Dios. Sin embargo, el profeta confronta su egoísmo y cuestiona su fe en Dios, precisamente, porque no han cumplido con la vocación e identidad del pueblo de Dios. Inmediatamente después de la denuncia de su egoísmo, Dios indica que el pueblo se ha olvidado de servir al prójimo. En lugar de ayudar al necesitado, ellos se han convertido en opresores y se han olvidado de quienes se encuentran en posición vulnerable en su comunidad. Como parte del mensaje de denuncia y llamado al arrepentimiento, Dios le recuerda a su pueblo que la idea original del ayuno tiene implicaciones sociales; es decir, el pueblo de Dios al practicar el ayuno correctamente tiene deberes y responsabilidades sociales con la comunidad y particularmente con aquellos que se encuentran al margen de la sociedad. En este caso, Dios llama a su pueblo a «soltar las cargas de opresión», «desatar las ligaduras de impiedad», «compartir pan con el hambriento», y «dar albergue al pobre». Estas líneas nos muestran que el pueblo de Dios efectivamente se había olvidado del doble propósito del ayuno; se olvidaron de practicarlo por amor a Dios, en señal de reverencia, y se olvidaron de tomar su responsabilidad social de cuidar de las personas vulnerables en su comunidad.

El amor de Dios en acción está directamente ligado a tener cuidado del prójimo y del necesitado, ya que ambas prácticas son señales tangibles y demostraciones efectivas del carácter de Dios, quien desea que su pueblo refleje esta identidad en todas sus acciones cotidianas y en su vida diaria. Las instrucciones y leyes, al igual que los mensaje proféticos, demuestran el llamado de Dios a atender a aquellos que tienen necesidad, a aquellos que se encuentran en posición vulnerable. En estos pasajes –y en muchos otros que no mencionamos aquí por razones de brevedad y espacio, como lo son el profeta Amos y el libro de los Proverbios– nos damos cuenta que la responsabilidad social está directamente ligada al carácter de Dios y no al carácter moral del necesitado. Es decir, la responsabilidad de brindar ayudar y de cuidar de quienes tienen necesidad no depende de la bondad o maldad de las personas necesitadas, más bien está basada en reflejar el carácter divino y demostrar el amor infinito de Dios en acciones tangibles y concretas. De esta manera, la motivación y responsabilidad del pueblo de Dios es teocéntrica y no antropocéntrica; es motivada por al amor infinito e incondicional de Dios y no por razones humanistas o para buscar favores personales. El compromiso del pueblo de Dios de atender al pobre y necesitado no es un compromiso moral con la sociedad o con los individuos en cuestión, sino un compromiso moral con Dios y como parte de nuestra identidad como pueblo del mismo Dios. Estos aspectos son evidentes en este último pasaje, pero a la vez nos presenta una conexión directa a uno de los pasajes del Nuevo Testamento, Mateo 25, que es una de las porciones bíblicas que analizaremos en la siguiente sección.

Nuevo Testamento

Obviamente la vida y el ministerio de Jesucristo ocupan un lugar primordial en el Nuevo Testamento. Por lo tanto, es necesario explorar estos aspectos en relación con el amor infinito de Dios y la responsabilidad social de aquellos que lo siguen y, más adelante, de la comunidad cristiana. La conexión entre el amor infinito de Dios y el ministerio de Jesús es evidente desde el principio; es decir, el mismo nacimiento de Jesús es una muestra del amor infinito e incondicional de Dios. El mismo Dios que por amor creó los cielos, la tierra y la humanidad para demostrar su amor, ahora es el mismo Dios que toma forma de ser humano para demostrar, de una manera más clara y definitiva, su amor incondicional que busca la restauración de toda la creación.

Sin lugar a duda, el milagro de la encarnación está basado y motivado por amor. Dios, en su afán de alcanzar a la humanidad, entra a la realidad humana para ofrecer un ejemplo tangible del amor de Dios en acción, no de una manera teórica pero con hechos concretos y con un estilo de vida que refleja el carácter mismo de Dios. De esta manera, Jesús es el ejemplo máximo del amor de Dios. Conocer la vida y el ministerio de Jesús es conocer y comprender el amor de Dios, como el mismo Jesús lo declara en Juan 14:8-10:

Felipe le dijo: Señor, muéstranos el Padre, y nos basta. Jesús le dijo: ¿Tanto tiempo hace que estoy con vosotros, y no me has conocido, Felipe? El que me ha visto a mí, ha visto al Padre; ¿cómo, pues, dices tú: Muéstranos el Padre? ¿No crees que yo soy en el Padre, y el Padre en mí? Las palabras que yo os hablo, no las hablo por mi propia cuenta, sino que el Padre que mora en mí, él hace las obras.

Si la vida y el ministerio de Jesús son un reflejo del amor de Dios y de su carácter divino, entonces analizar de una manera general estos aspectos nos llevará a conocer las responsabilidades sociales presentes en los evangelios. De manera general, podemos iniciar con las siguientes preguntas: ¿Por qué Jesús sanó a los enfermos? ¿Por qué Jesús alimentó a los hambrientos? ¿Cuál fue la razón por la cual Jesús compartió comidas y banquetes con cobradores de impuestos y otras personas rechazadas por la sociedad? ¿Por qué se preocupa Jesús por atender a las mujeres y a los pobres, y además los pone en un lugar primordial en sus parábolas?

La respuesta a estas preguntas es evidente en los evangelios y nos demuestra el amor de Dios manifestado en su cuidado por aquellos que se encuentran al margen de la sociedad. Las acciones de Jesús también nos demuestran el amor de Dios manifestado en su deseo de restaurar la totalidad de la creación, y no solamente en el aspecto individual y espiritual del ser humano. Si esto fuera así, entonces Jesús no se habría preocupado por sanar las aflicciones físicas de los enfermos, sólo hubiera ofrecido una salvación personal y espiritual. Pero los milagros de sanidad física en los evangelios son una muestra del amor de Dios y su deseo de restaurar el bienestar total del ser humano, no solo de restaurarlo espiritualmente. De la misma manera podemos observar que Jesús se preocupa por quienes tienen hambre y les da de comer de una manera milagrosa en la multiplicación de los peces y los panes (Mateo 14:18-20). Por lo tanto, satisfacer necesidades físicas es una parte importante del ministerio de Jesús.

Y aún más, Jesús, en sus relaciones personales, es quien toma la iniciativa y va en búsqueda de las personas que son rechazadas por la sociedad, quienes son señaladas por estigmas sociales. Jesús comparte alimentos con estas personas y busca una amistad personal con ellas. Estas personas ocupan lugares de prominencia es sus enseñanzas y su vida diaria, como el mismo lo declara a sus discípulos: «Jesús les dijo: De cierto os digo, que los publicanos y las rameras van delante de vosotros al reino de Dios» (Mateo 21:30-32). Todas estas acciones tienen una doble motivación: mostrar el amor de Dios en acciones concretas y demostrar el carácter de Dios en su amor infinito, alcanzando a todas las personas pero particularmente aquellas que se encuentran en situaciones y condiciones que las hacen vulnerables. Si Jesús en su vida y ministerio incorporó estos aspectos sociales como parte integral de su demostración concreta del amor infinito de Dios, entonces: ¿por qué razón las comunidades cristianas de la actualidad ven esta labor como algo secundario y opcional? Es decir, ¿por qué muchas iglesias no consideran el alimentar al hambriento, promover la salud física y alcanzar a quienes son rechazados por la sociedad como aspectos esenciales de la vida cristiana?

En gran parte, este libro desea dar respuesta a estas preguntas proveyendo fundamentos bíblicos, pero a la vez actividades y pasos concretos para cumplir con nuestra responsabilidad social delante de Dios. Las evidencias generales en la vida y ministerio de Jesucristo como son presentadas en los evangelios, son una muestra general del amor de Dios en acción y del carácter divino. Dios, en su amor, desea ofrecer cuidado y protección a quienes son rechazados por la sociedad y aquellas personas vulnerables.

Pero este tipo de amor en acción en la vida de Jesucristo no sólo es visible de una manera general a través de los evangelios. También hay pasajes con instrucciones y enseñanzas particulares que delinean de una manera clara la responsabilidad social como parte de la vida de los que siguen a Cristo. Quizás el más claro de estos pasajes se encuentra en Mateo 25. Allí encontramos no solo la importancia de la labor social como parte integral de la vida cristiana, sino que el mismo Jesús se identifica con los necesitados y vulnerables, lo cual es evidente en los versículos finales de este capítulo. «El juicio de las naciones», es el título común de este pasaje que nos muestra la importancia y significado de nuestra tarea y responsabilidad social. Creo que es importante analizarlo detenidamente para observar estos aspectos, por eso lo he incluido en su totalidad en esta sección:

Cuando el Hijo del Hombre venga en su gloria, y todos los santos ángeles con él, entonces se sentará en su trono de gloria, y serán reunidas delante de él todas las naciones; y apartará los unos de los otros, como aparta el pastor las ovejas de los cabritos. Y pondrá las ovejas a su derecha, y los cabritos a su izquierda. Entonces el Rey dirá a los de su derecha: Venid, benditos de mi Padre, heredad el reino preparado para vosotros desde la fundación del mundo. Porque tuve hambre, y me disteis de comer; tuve sed, y me disteis de beber; fui forastero, y me recogisteis; estuve desnudo, y me cubristeis; enfermo, y me visitasteis; en la cárcel, y vinisteis a mí. Entonces los justos le responderán diciendo: Señor, ¿cuándo te vimos hambriento, y te sustentamos, o sediento, y te dimos de beber? ¿Y cuándo te vimos forastero, y te recogimos, o desnudo, y te cubrimos? ¿O cuándo te vimos enfermo, o en la cárcel, y vinimos a ti? Y respondiendo el Rey, les dirá: De cierto os digo que en cuanto lo hicisteis a uno de estos mis hermanos más pequeños, a mí lo hicisteis. Entonces dirá también a los de la izquierda: Apartaos de mí, malditos, al fuego eterno preparado para el diablo y sus ángeles. Porque tuve hambre, y no me disteis de comer; tuve sed, y no me disteis de beber; fui forastero, y no me recogisteis; estuve desnudo, y no me cubristeis; enfermo, y en la cárcel, y no me visitasteis. Entonces también ellos le responderán diciendo: Señor, ¿cuándo te vimos hambriento, sediento, forastero, desnudo, enfermo, o en la cárcel, y no te servimos? Entonces les responderá diciendo: De cierto os digo que en cuanto no lo hicisteis a uno de estos más pequeños, tampoco a mí lo hicisteis. E irán éstos al castigo eterno, y los justos a la vida eterna.

La primera observación proveniente de este pasaje es el hecho que el criterio de aceptación y rechazo en el «reino preparado dese la fundación del mundo» está directamente relacionado al cuidado, protección y acciones concretas en servicio de los necesitados y vulnerables. Es decir, las personas de entre todas las naciones que tienen el privilegio de «heredar» el reino del que aquí se habla, son aquellas que tomaron la iniciativa, cuidaron y protegieron a los hambrientos, sedientos, forasteros, desnudos, enfermos y a los prisioneros. Pero estas personas, a las cuales Mateo llama «justas», aparentemente se sorprenden al escuchar que sus acciones han sido recompensadas. De hecho, ellas mismos preguntan: ¿cuándo fue que hicimos esto? Esta sorpresa, expresada en la pregunta, nos conecta de una manera directa a lo que ya hemos discutido en el análisis de la práctica del ayuno en Isaías. Estas personas justas, obviamente mantenían estas prácticas como parte de su vida diaria y lo hacían de una manera natural sin esperar algo a cambio, de ahí que se sorprenden por la recompensa recibida ya que para ellos esto era su estilo de vida normal y no algo extraordinario. Estas personas cuidaban y protegían a las personas vulnerables, no por la recompensa prometida, ni mucho menos para llamar la atención a sí mismos, o porque lo entendían como un ritual más o como un requisito religioso. Ellas lo hacían de una manera desinteresada y como una práctica natural que reflejaba su carácter e identidad. Precisamente, por estas razones, estas personas justas son exaltadas y reciben la bienvenida en este reino. Los justos reflejan en sus acciones el amor incondicional e infinito de Dios; reflejan que el principio de la protección y el cuidado de los vulnerables se encuentran presente en el carácter de Dios. Por lo tanto, estas personas y sus acciones concretas son un ejemplo evidente de que su identidad está fundamentada en el carácter de Dios.

La segunda observación es la relación que existe entre las personas necesitadas y vulnerables que se encuentran mencionadas en este pasaje y el «Hijo del Hombre». El personaje principal, el que tiene el poder de distinguir quienes son ovejas y quienes son cabritos, es el mismo que se identifica con los que tienen necesidad y son vulnerables. Si este personaje principal es Jesucristo, entonces el mismo Hijo de Dios se auto-identifica con los necesitados. Las acciones en contra o a favor de los necesitados son acciones en contra o a favor de él mismo. La identificación de Cristo con los hambrientos, sedientos, forasteros, desnudos, enfermos y prisioneros demanda de aquellos que profesamos seguir a Cristo que atendamos, protejamos y cuidemos de estas personas, no por su carácter moral, sino porque Cristo se identifica con ellas.

Esto reafirma el mensaje de Isaías en lo que atañe a nuestra responsabilidad moral para con el necesitado. No está basada en nuestra evaluación del carácter de las personas vulnerables ni en nuestro juicio de las decisiones que estas personas han tomado; la razón moral primordial para actuar es que Cristo se identifica con ellas. Les bendecimos porque en nuestra vida diaria deseamos reflejar el carácter de Dios y su amor infinito en acción. Una vez más, vemos que nuestro llamado a servir no es antropocéntrico, sino teocéntrico. Es decir, es una respuesta al llamado de Dios, sin esperar algo a cambio, de manera desinteresada, y siempre con el deseo de replicar el carácter de Dios y el ministerio de Cristo descrito en los evangelios.

Ante estas evidencias es, hasta cierto punto, increíble que todavía haya personas que nieguen la importancia y la esencia de la obra y de la responsabilidad social en la vida del creyente y la comunidad cristiana. Y quizás, aún peor, es increíble que argumenten de la prioridad espiritual separada e independiente de nuestra responsabilidad social. Pero probablemente y para no dar cabida a este tipo de razonamiento, el mismo evangelista Mateo, en el capítulo 7, exhorta a evitar este tipo de separación dando prioridad al ámbito espiritual. Mateo afirma esto de la siguiente manera:

> No todo el que me dice: Señor, Señor, entrará en el reino de los cielos, sino el que hace la voluntad de mi Padre que está en los cielos. Muchos me dirán en aquel día: Señor, Señor, ¿no profetizamos en tu nombre, y en tu nombre echamos fuera demonios, y en tu nombre hicimos muchos milagros? Y entonces les declararé: Nunca os conocí; apartaos de mí, hacedores de maldad.
> (Mateo 7:21-23)

Es importante notar, que los que creen que están haciendo la voluntad de Dios, lo creen porque sus prácticas tienen carácter «espiritual». Por lo tanto, asumen que estas prácticas (profetizar, exorcizar, hacer milagros) son señales irrevocables y una garantía de su entrada al «reino de los cielos». Sin embargo, el evangelista niega tal presuposición y declara que el Señor no conoce a tales personas. Afirma que sus prácticas son más bien obras de maldad y que no hicieron ni cumplieron la voluntad divina. Por lo tanto, Mateo niega que las prácticas espirituales sean primordiales y «mejores» que las llamadas obras sociales.

Aún más, si estos dos pasajes tienen una conexión directa, entonces el hacer la voluntad de Dios se refiere a atender a los necesitados y vulnerables de nuestra comunidad y la práctica espiritual no es una garantía de madurez y superioridad espiritual y cristiana. De la misma manera, la voluntad de Dios se encuentra explicada con detalle en el capítulo 25 y el capítulo es un preámbulo al juicio escatológico y una advertencia a quienes se olvidan de sus responsabilidades sociales y morales con respecto a la gente necesitada en sus comunidades. Pero este tipo de responsabilidad social como reflejo del amor infinito de Dios y como parte de la identidad del creyente y la comunidad cristiana no solo se encuentra en los evangelios. También se encuentra en el resto del Nuevo Testamento, particularmente en el libro de los Hechos y en la Carta de Santiago.

En el capítulo 2 del libro de los Hechos encontramos la historia del nacimiento de la comunidad cristiana, la importancia y presencia del Espíritu Santo, el valor y el poder impartido a los discípulos para predicar el evangelio, y los resultados asombrosos de la predicación de Pedro ante una multitud étnicamente diversa y aparentemente hostil. Además de este milagroso sermón, también vemos las prácticas esenciales y los resultados inmediatos de aquellos que constituyeron la primera comunidad de fe. Estas prácticas se encuentran en los versículos 42 al 47 del capítulo 2 de la siguiente manera:

Y sobrevino temor a toda persona; y muchas maravillas y señales eran hechas por los apóstoles. Todos los que habían creído estaban juntos, y tenían en común todas las cosas; y vendían sus propiedades y sus bienes, y lo repartían a todos según la necesidad de cada uno. Y perseverando unánimes cada día en el templo, y partiendo el pan en las casas, comían juntos con alegría y sencillez de corazón, alabando a Dios, y teniendo favor con todo el pueblo. Y el Señor añadía cada día a la iglesia los que habían de ser salvos.

Al organizar este pasaje en pares con respecto a las actividades y acontecimientos descritos en él, obtenemos el siguiente resultado:

1er par: Temor y «maravillas y señales».

2° par: Unidad (estaban juntos) y comunidad igualitaria basada en necesidad (tenían en común todas las cosas...a todos según la necesidad de cada uno).

3er par: Asistencia al templo y comidas en hogares.

4° par: Alabando a Dios y teniendo favor con **todo** (mi énfasis) el pueblo.

De esta manera podemos ver que cada par contiene una expresión espiritual o práctica privada (temor, unidad, asistencial al templo y la alabanza a Dios) de la comunidad cristiana y del recién creyente, pero a la vez el segundo aspecto tiene que ver con la responsabilidad social con la comunidad inmediata y con las personas en necesidad (maravillas y señales, compartir todas las cosas para beneficio de la comunidad, y no solo compartir sino vender bienes para satisfacer necesidades básicas de los demás, compartir los alimentos con gente extraña y, en resumen, tener favor con todo el pueblo). Las llamadas prácticas espirituales están directamente conectadas a las llamadas sociales, y ambas constituyen la esencia de la naciente iglesia. Dado que esta es una nueva congregación, la primera iglesia de la cual tenemos referencia, es importante notar el balance que existe en estas prácticas. Esta naciente congregación está formada en su mayor parte en gente que proviene de otros territorios y que entre ellos son prácticamente extraños. Algunos de ellos enfrentan las barreras de la diferencia del idioma y otras barreras culturales. Por lo cual cuando esta congregación toma la responsabilidad social de compartir con los demás de acuerdo a su necesidad, están compartiendo con extraños y extranjeros. Esta práctica nos recuerda los mandatos de Dios en el Antiguo Testamento de atender al necesitado y forastero.

La benevolencia hacia los extraños y extranjeros en el libro de los Hechos y en el Nuevo Testamento va más allá de la invitación personal y del compartir el pan con extraños y forasteros. La práctica de compartir los alimentos en el Nuevo Testamento tiene un significado social e implica mucho más que el simple hecho de sentarse a la mesa y comer juntos. El comer juntos y la invitación a los banquetes y fiestas eran prácticas que seguían reglas sociales estrictas. Estas reglas estaban basadas en la condición social de las personas y el acuerdo que el que era invitado debía reciprocar al anfitrión invitándole a un evento similar. De esta manera, el compartir los alimentos era una práctica social reciproca y exclusiva, en la cual personas de la misma condición social se invitaban unos a otros, ya que solo las personas con recursos materiales podían ofrecer banquetes y por lo tanto sólo invitaban a quienes contaban con los mismos medios. La gente con recursos materiales sólo compartían los alimentos con gente del mismo nivel social, y nunca incluían a gente que fuera de esta condición social. Claro que los pobres se podían invitar entre ellos y comer juntos, pero cada grupo debía quedarse dentro de sus límites sociales sin quebrantar lo establecido por la sociedad.

La descripción del capítulo 2 de los Hechos demuestra que los primeros cristianos precisamente rompieron con esta tradición al incluir gente extraña y forastera a compartir los alimentos en casa. Es decir, al invitar a estas personas el círculo de exclusividad es destruido y ahora los nexos de amistad y compañerismo no están limitados a la condición social de la persona. Ahora los cristianos extienden su amor y compañerismo a toda persona, incluyendo al necesitado y al extranjero, sin importar su condición social. De igual manera el segundo y cuarto par descritos anteriormente muestran que esta comunidad cristiana de inmediato tomó la responsabilidad de atender las necesidades físicas de sus miembros, incluyendo la venta de bienes personales para el beneficio de la gente necesitada. Y para culminar el segundo elemento del cuarto par, afirma que esta recién formada comunidad cristiana y su práctica de la fe tenía favor con todo el pueblo, no solo con la gente de la congregación, pero todas las personas que les rodeaban. De hecho, esta afirmación categórica da respuesta a quienes critican la interpretación aquí ofrecida y quienes alegan que estas prácticas eran solo para los miembros de la comunidad cristiana y no para todas las personas en general. Obviamente parte de estas prácticas incluían a los miembros de la comunidad cristiana, pero también hay que recordar que estos miembros eran desconocidos entre ellos y provenientes de diversos grupos étnicos y culturales como lo describe el Hechos 2:5, afirmando que gente «de todas las naciones bajo el cielo» eran que los estaban presentes y los que recibieron el mensaje de Pedro. La primera iglesia surgió de este grupo. Por lo tanto, aún y cuando estas prácticas estuvieran dirigidas solo a las personas de la recién formada comunidad de creyentes, esta comunidad no es homogénea ni mucho menos estaba basada en la condición social, sino que es una comunidad de extranjeros que han encontrado unidad en Jesucristo. Ahora su reacción natural ha sido abandonar las prácticas exclusivistas de las tradiciones establecidas de la época, como reflejo de su nueva identidad. Así que el decir que estas prácticas no son de carácter social es afirmar la identidad y el amor de Dios presentes en esta comunidad cristiana que desea reflejar el amor de Dios en hechos tangibles y concretos, tratando de ayudar y atender a todas las personas de la comunidad en general, lo cual sigue el mismo tema y dirección que encontramos en el Antiguo Testamento.

Finalmente, y si todavía hay lugar a duda con respecto a la responsabilidad social de la comunidad de creyentes, la Carta de Santiago provee razones y exhortaciones claras y persuasivas. El énfasis general de esta carta es precisamente una exhortación y un llamado al arrepentimiento de esta comunidad cristiana por su falta de interés en la labor social y por no tomar su responsabilidad moral de reflejar el amor de Dios y la fe cristiana en obras tangibles y concretas. Santiago afirma: «La religión pura y sin mancha delante de Dios el Padre es esta: visitar a los huérfanos y a las viudas en sus tribulaciones y guardarse sin mancha del mundo» (Santiago 1:27). Este versículo es una afirmación de lo ya discutido en el Antiguo Testamento, los evangelios, y el libro de los Hechos. Una vez más, marca claramente el carácter y la responsabilidad moral de la comunidad cristiana de cuidar de las personas vulnerables y quienes se encuentran al margen de la sociedad, en este caso los huérfanos y las viudas. Pero la Carta de

Santiago, también nos recuerda del balance armónico de los aspectos personales y sociales, de los aspectos llamados espirituales y físicos, llamándonos a guardarnos sin mancha del mundo. La preocupación primordial de Santiago son los creyentes que se han olvidado de su responsabilidad social y se han desconectado de su fe; esta se ha convertido en una fe «espiritual» sin obras tangibles, por lo cual Santiago escribe:

> Hermanos míos, ¿de qué aprovechará si alguno dice que tiene fe y no tiene obras? ¿Podrá la fe salvarlo? Y si un hermano o una hermana están desnudos y tienen necesidad del mantenimiento de cada día, y alguno de vosotros les dice: «Id en paz, calentaos y saciaos», pero no les dais las cosas que son necesarias para el cuerpo, ¿de qué aprovecha? Así también la fe, si no tiene obras, está completamente muerta. (Santiago 2:14-17)

Estos versículos denuncian la ineficacia de la vida cristiana cuando esta no está intrínsecamente y esencialmente conectada con la responsabilidad social de cuidar, proteger y atender de aquellos que se encuentran en necesidad. Para Santiago quienes viven una fe de esta manera tienen una «fe muerta» que no refleja el carácter divino y el amor infinito de Dios. ¿Cómo podemos decir que tenemos fe en un Dios de amor cuando no reflejamos este amor para los demás de una manera clara, tangible, en acciones concretas de ayudar a quienes viven en necesidad y se encuentran es estado vulnerable? Al no hacerlo efectivamente estamos negando el amor de Dios y por lo tanto este tipo de fe «está completamente muerta». Finalmente, Santiago introduce un concepto más amplio de la definición del pecado, obviamente siguiendo esta línea de pensamiento. Para Santiago el pecado no sólo tiene que ver con evitar violaciones a los principios morales establecidos por Dios; es decir no solo se refiere a la lista de prohibiciones las cuales nosotros como cristianos debemos de seguir. Santiago incluye en su definición el siguiente concepto: «El que sabe hacer lo bueno y no lo hace, comete pecado» (Santiago 4:17). Por lo cual pecado no solo es hacer lo que no se debe hacer; es también la omisión de la práctica de la bondad, es decir, olvidarnos de hacer lo bueno. Pero uno se puede preguntar: ¿qué es lo bueno? A lo cual Santiago respondería la religión pura (buena) es atender a los necesitados, cuidar de los desprotegidos y tomar responsabilidad por las personas vulnerables. Por lo tanto, omitir estas prácticas es una acción pecaminosa, ya que niega el carácter y el amor infinito de Dios, resultando en la negación de la fe cristiana.

Ante las evidencias bíblicas y los fundamentos teológicos aquí presentados, espero haber demostrado que la responsabilidad social, individual y corporativa del creyente está íntimamente ligada al amor infinito de Dios y al carácter divino, el cual se manifiesta en atenciones, cuidado y protección de las personas necesitadas, quienes se encuentran en estado vulnerable. Pero también es mi oración que estas líneas de exégesis y fundamentos bíblicos y teológicos no sólo sean un ejercicio académico y cognitivo en la tarea de persuadir nuestra mente y razón; sino sean más bien una motivación a cambiar nuestro estilo de vida y tomar parte activa de la obra redentora de Dios.

Espero y confió en Dios que los argumentos aquí presentados sean más que una forma de ganar una batalla exegética y teológica; espero que sean el inicio de una transformación total y que nos lleve a una relectura de las Escrituras para retomar nuestra conciencia social y nuestra responsabilidad moral con respecto al universo, atendiendo el llamado de los necesitados. Espero que las reflexiones aquí presentadas sirvan de inspiración tanto para el lector como para la audiencia del lector. Si el lector es un líder congregacional espero que estas reflexiones sean de provecho personal, pero a la vez sirvan como puntos de referencia para estudios bíblicos, sermones, clases de escuela dominical, y temas de conversaciones en grupos de células. De la misma manera, espero que tanto el lector como su audiencia vean los pasajes aquí presentados como un breve ejemplo de lo que es evidente es toda la Biblia, y que estos pasaje sean el portal de una relectura de las Escrituras con el propósito de escuchar la voz de Dios, obedeciendo su llamado a tomar nuestra responsabilidad social como parte integral de nuestra fe.

2

¿Quién es mi prójimo? Actvidades para identificar las nececidades de nuestra comunidad

«Entonces, acercándose los discípulos, le dijeron: ¿Por qué les hablas por parábolas? El respondiendo, les dijo: Porque a vosotros os es dado saber los misterios del reino de los cielos; mas a ellos no les es dado. Porque a cualquiera que tiene, se le dará, y tendrá más; pero al que no tiene, aun lo que tiene le será quitado. Por eso les hablo por parábolas: **porque viendo no ven, y oyendo no oyen, ni entienden**. De manera que se cumple en ellos la profecía de Isaías, que dijo:

De oído oiréis, y no entenderéis;

Y viendo veréis, y no percibiréis.

Porque el corazón de este pueblo se ha engrosado, y con los oídos oyen pesadamente, y han cerrado sus ojos; Para que no vean con los ojos, y oigan con los oídos, y con el corazón entiendan, y se conviertan, y yo los sane. Pero bienaventurados vuestros ojos, porque ven; y vuestros oídos, porque oyen. Porque de cierto os digo, que muchos profetas y justos desearon ver lo que veis, y no lo vieron; y oír lo que oís, y no lo oyeron».

(Mateo 13:10-17, el énfasis es mío).

Un cambio de actitud: Intencionalidad

Quizás el primer paso en la tarea de identificar las necesidades de nuestra comunidad, como lo indica el Evangelista Mateo, es ver y atender el clamor de los necesitados. Esto parece algo sencillo, pero en muchas ocasiones nuestras iglesias se niegan a ver y a oír lo que está sucediendo a su alrededor. Esto se debe a que hemos aprendido a vivir con injusticias sociales y a creer que la injusticia es parte de una realidad que no se puede cambiar o, lo que es peor, que no le corresponde al pueblo cristiano hacer algo al respecto pues estos problemas no son de índole espiritual. Algunas otras veces, el problema de «ceguera» y «sordera» es voluntario e intencional ya que las personas prefieren no ver ni escuchar de los problemas que les rodean; o tienen respuestas rápidas que justifican la condición de los demás exonerando su falta de acción en estos asuntos.

Por ejemplo, en mi primer cargo pastoral en EE. UU. mi ministerio era con trabajadores de campo migrantes. El número estimado de trabajadores migrantes era de más de 16 mil personas en diferentes condados. Sin embargo, la denominación para la cual yo estaba trabajando y la mayoría de sus miembros en ese distrito se llenaban de asombro con esta cifra, y su respuesta casi siempre era la misma: «¿pero donde están, nunca les hemos visto?» Esta respuesta muestra la realidad social de personas que profesan el amor de Dios y creen en Jesucristo, pero su fe cristiana es una fe aislada y exclusiva que no desea ni requiere ver ni escuchar el clamor de los necesitados. Pero también es una respuesta honesta que marca la gran influencia de su condicional social, ya que en el ámbito donde estas personas se desenvuelven (trabajo secular, grupos de amistades, horario de actividades diarias y aun la iglesia a la que asisten) los mantiene aislados de la pobreza y el sufrimiento que mucha gente enfrente diariamente. Claro, que este estilo de vida es una decisión personal y sigue los parámetros sociales aceptables por personas en este grupo.

También las respuestas rápidas que se utilizan como una justificación para no involucrarse en asuntos sociales son resultado de la condición social que acabo de describir y resulta en la siguiente afirmación: «La gente necesitada se encuentra en esa condición por su irresponsabilidad y por tomar decisiones erróneas con respecto a sus finanzas». O encontramos el mismo razonamiento expresado de la siguiente manera: «Si yo pude superar la pobreza y la adversidad, la gente pobre y necesitada no se supera por que no quieren y prefieren vivir una vida cómoda dependiendo de la bondad de los demás sin tomar responsabilidad por su superación». Estoy seguro que hemos escuchado estas frases con frecuencia y aquí no es el momento para debatir su veracidad o falsedad. Empero, ya he establecido en el capítulo anterior nuestra obligación moral y nuestra responsabilidad como pueblo de Dios con la gente que tiene necesidad y con quienes se encuentran en condiciones vulnerables. Esa obligación moral no depende del por qué estas personas están en dicha condición, sino es una respuesta y muestra del amor incondicional de Dios; es una forma de reflejar el carácter de Dios. Por lo tanto estas respuestas, independientemente de su validez, no pueden ni deben ser usadas como razones o, mejor dicho, como excusas, para no tomar parte activa e intencional en promover el bienestar de todas las personas en nuestra comunidad.

Además, estas respuestas, o excusas, tienen un tono individualista y denotan superioridad y arrogancia. En primer lugar por que asumen que las personas pobres y vulnerables son responsables por su condición y, por lo tanto, cada cual debe ser responsable por sus hechos. Así quienes se encuentren en una posición social privilegiada no tienen ningún compromiso (social o moral) con los demás, ya que cada individuo es responsable por su propio destino y condición social. Por consiguiente, y en segundo lugar, este tipo de respuestas, actitudes y formas de ver la vida definen la bondad de las personas sobre la base de su éxito económico, lo que les lleva a creer que las personas buenas o moralmente superiores son aquellas que cuentan con recursos económico amplios; lo cual fácilmente se convierte en orgullo, arrogancia y sentimientos de superioridad.

Por estas razones, y para combatir los sentimientos de arrogancia, superioridad, removiendo la ceguera y la sordera con respecto a nuestra responsabilidad social cristiana por nuestra comunidad, el primer paso siempre debe de ser la intencionalidad. Es decir, pedirle a Dios en oración que nos ayude a ver con

Sus ojos y a escuchar con Sus oídos el clamor del necesitado y menesteroso. Ya que por naturaleza somos seres egoístas que sólo buscamos el bienestar personal, debemos pedirle a Dios que nos ayude a ver y a escuchar más allá de nuestros propios intereses; que nos ayude a dejar de juzgar y condenar a los necesitados, para justificar propia inactividad e irresponsabilidad social.

La intencionalidad requiere de un cambio de pensamiento y conducta, una transformación total, para luego emprender la tarea de intencionalmente buscar a quienes se encuentran en necesidad. Muchas congregaciones, al igual que sus líderes, esperan a que la gente llegue a sus edificios y lugares de ministerio para entonces atender de las necesidades de ellas. Pero la intencionalidad no funciona de esta manera. Por el contrario, la responsabilidad es tanto de la persona cristiana como de la congregación en general de ir a buscar a quienes tienen necesidad, y no solo esperar a que la gente llegue a pedirles ayuda. Es decir, el esperar a que la gente llegue es una forma pasiva de atender a los necesitados, pero la intencionalidad es una forma activa de ir a buscar y encontrar a «las viudas, a los enfermos, a los huérfanos y a los pobres». Este tipo de intencionalidad sigue los parámetros y el método de Dios, quien siempre toma la iniciativa de ir a buscar a los perdidos y a los necesitados. Dios mismo es quien inicia e intencionalmente busca una relación con los demás y particularmente con aquellos que se encuentran en sufrimiento. De esta manera, Dios nos llama, como su pueblo, a reflejar este carácter y a seguir este método. Por lo tanto, debemos tomar la iniciativa y de una manera activa buscar, ver y escuchar a los que tienen necesidad.

¿Qué dice la gente?: Una encuesta reveladora

Los siguientes programas de televisión, con sus diferentes variaciones, *100 Mexicanos Dijeron, 100 Latinos Dijeron* y *¿Qué Dice la Gente?* tienen un aspecto en común: todos están basados en encuestas hechas por los productores del programa. El juego consiste en que los participantes adivinen las respuestas que la gente entrevistada, según cada caso, ha dado a los productores. El primer paso práctico para identificar las necesidades en nuestra comunidad es similar, no porque se trate de adivinar a las respuestas, sino porque está basado en una encuesta. La encuesta a que me refiero, nos ayudará a poner en práctica nuestra intencionalidad y nos motivará a ir en busca de la gente. Debemos encontrarlos en lugares públicos para conocer más de ellos y de sus necesidades.

La tarea es bastante sencilla y se puede poner en práctica en cualquier comunidad. Lo primero que hay que hacer es identificar lugares públicos que son populares y frecuentemente visitados por la mayoría de la gente de la comunidad. Claro que estos lugares van a ser diferentes dependiendo de cada comunidad, pero la siguiente lista incluye los lugares que usualmente son populares y frecuentados en la mayoría de las comunidades:

1. Supermercados, tiendas de abastos, bodegas y tiendas de servicio rápido (llamadas en inglés, *convenience stores*).
2. Restaurantes, tanto los de servicio rápido como los más formales.
3. Cines y lugares para alquilar vídeos.
4. Parques y otros lugares públicos donde la gente asiste a juegos organizados o que utiliza para recreación personal.
5. Oficinas de ayuda del gobierno del estado, condado o municipio.
6. Hospitales, clínicas de atención médica y departamentos de salud.
7. La oficina del correo.
8. Lavanderías, lugares donde la gente va a lavar y secar su ropa usando monedas para operar lavadores y secadoras.
9. Escuelas públicas.
10. Guarderías.
11. La oficina de empleo o desempleo.
12. Talleres mecánicos.

Esta lista no pretende se exhaustiva, pero sirve para identificar lugares públicos en los cuales se puede conducir la encuesta, además de generar ideas de otros lugares que se encuentran en cada uno de las comunidades en cuestión.

Una vez identificados los lugares, es necesario desarrollar el cuestionario para ser utilizado en las encuestas. Las preguntas del cuestionario deben ser cortas y sencillas y para que los encuestados puedan responder con rapidez y sin mucha molestia. La siguiente serie de preguntas puede servir como una guía en general y cuentan con la flexibilidad necesaria para ajustarse a las necesidades de cada congregación y congregación.

1. En su opinión personal, ¿Cuál es su necesidad primordial y la de su familia?
2. ¿Cuál es la necesidad primordial en su colonia, de sus vecinos, de su complejo departamental, de su comunidad inmediata?
3. ¿Cuáles son, de acuerdo a usted, las necesidades generales de nuestro pueblo, ciudad, o colonia en general?
4. ¿Qué tipos de servicios creen que hacen falta en su comunidad?
5. ¿Quién, iglesias o agencias del gobierno, ofrece ayuda a la gente con necesidades?

Obviamente estas preguntas son abiertas y las personas encargadas de la encuesta deben de estar preparadas para anotar las respuestas. Se sugiere que cada una de estas personas tengas varias hojas impresas con las preguntas para que fácilmente pueda anotar las respuestas.

De una manera ideal, la persona que hace las preguntas las hará de una manera oral, como una forma de conversación y demostrando interés en la persona quien está contestando. Empero, dependiendo del lugar, el entrevistador puede dejar la hoja con la persona entrevistada y pedirle que conteste las preguntas, por supuesto, proveyéndoles los materiales necesarios (bolígrafo, lapicero, lápiz, etc.).

La labor de los encuestadores es esencial para el éxito de este ejercicio, por lo cual se recomienda que antes de que las personas salgan a tomar la encuesta, se prepare una breve sesión de orientación para cada persona que desee trabajar en este proyecto. La sesión de orientación deberá cubrir los siguientes aspectos:

1. La seguridad del encuestador y del encuestado son primordiales. Recalque que el bienestar de todas las personas y la prevención de peligros son esenciales en este ejercicio. Mencione la importancia de seguir las reglas de transito y pedir permiso a los establecimientos y locales para desarrollar la entrevista. Asegúrese que las personas se encuentren en lugares visibles y públicos.

2. Por ningún motivo permita que solo una persona funcione como entrevistador; es preferible tomar más tiempo que enviar a personas solas a entrevistar a otros. Lo ideal sería que, cuando menos, un equipo de tres personas sea designado por cada lugar donde se llevarán a cabo las encuestas.

3. Asegúrese que cada persona se identifique e inicie la conversación/encuesta de la siguiente manera: «Mi nombre es _____ y soy miembro de la iglesia_____. Solamente queremos hacerle unas preguntas breves con respecto a nuestra comunidad». De ser posible, cada entrevistador llevará un gafete con el nombre de la iglesia y el nombre propio del entrevistador.

4. Si la persona no desea dar respuesta, el entrevistador no debe insistir. Agradezca a la persona su atención y mencione que usted entiende que no tiene tiempo disponible en este momento.

5. Por otra parte, si la persona entrevistada desea tener una conversación más amplia y tiene más preguntas, asegúrese que los encuestadores tengan información general acerca de este ejercicio y de la iglesia local en general. Comparta también con ellos que este no el momento para entrar en debates religiosos o tratar de persuadir a las personas. Claro que si la persona encuestada desea saber más y tiene interés en conocer más de Dios y de la iglesia, entonces el entrevistador deberá estar preparado para esta tarea.

6. Provea el nombre y la información de contacto de cada persona a cargo de los diferentes establecimientos para que cada encuestador se presente con ellos a la hora y el día indicado, les comunique de su presencia y agradezca la oportunidad concedida de realizar esta labor.

7. Dependiendo del número de encuestadores y de los lugares donde se realizará la encuesta, se recomienda que cada equipo trabaje de dos a tres horas por cada lugar, y que luego sean relevados por otro equipo.

8. Es importante que cada equipo cuente con un mapa y direcciones exactas. Designe el lugar donde ha de trabaja a cada equipo antes de comenzar la encuesta.

9. Durante la orientación, organice sesiones en las cuales participantes asuman el papel del encuestador y en encuestado. Trabajan con diferentes escenarios posibles, por ejemplo: Personas enojadas que no quieren hablar, entrevistadores que insisten cuando la persona no quiere ser entrevistada, personas que entran en argumentos políticos o religiosos como parte de la entrevista, y entrevistadores que no son amables ni obedecen señales de tránsito, como cruzar la calle no en la esquina sino a la mitad de ella para alcanzar a hablar con una persona.
10. Indique que este ejercicio depende en gran parte de los entrevistadores, y que cada uno de ellos representa la congregación.
11. Provea a cada entrevistador con información básica de la congregación, incluyendo al los nombres y los teléfonos de los líderes de la congregación.
12. Finalmente, pida a Dios en oración que este ejercicio sea de ayuda y bendición para todas las personas involucradas.

Una vez que la encuesta haya sido concluida, agrupar, colectar y tabular todas las respuestas y cuestionarios para luego desarrollar un reporte final. Los siguientes pasos nos dan los parámetros a seguir para la organización de toda la información recibida:

1. Asegúrese de que todas los cuestionarios han sido recolectados y que todos los encuestadores ha regresado toda la información necesaria.
2. Asegúrese de que todas las formas sean legibles. Si tiene alguna duda con respecto a la escritura de alguna respuesta, contacte al encuestador para aclarar la respuesta y la posible confusión.
3. Empieza a organizar las respuestas de la encuesta bajo los siguientes rubros:
   a. Necesidades económicas: Como lo pueden ser ayuda con renta, gasolina o el pago de los servicios públicos como la electricidad, el agua, desempleo, etc.
   b. Necesidades de alimento: Incluya en esta sección respuestas que tengan que ver con ayuda con las comidas diarias,

dieta balanceada, leche en polvo para bebes y niños, ayuda para pagar la comida en la escuela, etc.

c. Necesidades de vestido: Es esta sección incluya respuestas como ayuda para comprar uniformes, zapatos para deportes, calzado para el trabajo, ropa de invierno y cobijas.

d. Necesidades de transporte: Ayuda para pagar y utilizar los medios públicos de transporte, para arreglar y mantener en buen estado el vehículo propio, ayudas para reparaciones mecánicas urgentes y o con el mantenimiento regular del vehículo (cambio de aceite, ajuste de frenos, etc.).

e. Necesidades relacionadas con la niñez: Ayuda con tareas y trabajos escolares después de la escuela, ayuda para buscar colegios y universidades, ayuda a atender a los niños después de la escuela mientras los padres y sus tutores llegan a casa, ayuda con actividades extra-escolares como los deportes y las bandas musicales, ayuda para localizar becas escolares, etc.

f. Necesidades emocionales: En esta categoría se puede incluir consejería y servicios de ayuda a personas que están enfrentando divorcios, separación, muerte, algún miembro de la familia en la cárcel o en el hospital, cualquier tipo de abuso, problemas con drogas legales o ilegales (incluyendo alcoholismo), atención especializada a personas con necesidades de aprendizaje especial.

g. Necesidades de índole social: Como lo pueden ser el pandillerismo, los asaltos y los robos, la falta de seguridad social y la falta de lugares públicos de recreación.

h. Necesidades de carácter educativo: Las cuales pueden ser educación para adultos que desean aprender una carrera técnica, aprender un nuevo idioma, ayuda para escribir cartas de presentación o para empezar un negocio.

i. Necesidades medicas: Atender a enfermos con enfermedades crónicas, terminales, o imprevistas y con atención medica costosa, al igual que el cuidar de las personas ancianas o gente que tiene incapacidades físicas o mentales.

Por supuesto que estas categorías no pretenden incluir todas las posibles respuestas. Su objetivo es que las personas encargadas de organizar las respuestas tengan un punto de partida concreto y que al organizar las encuestas, en estas categorías, den un panorama amplio y general del tipo de necesidades que existen en nuestra comunidad.

De la misma manera, si la comunidad es muy amplia sería bueno organizar las respuestas por áreas geográficas (colonia, barrio, cuadras, etc.). De esta manera se podrá identificar la necesidad con el área en cuestión. Esta tarea no concluye con la organización de las respuestas; por el contrario, la gran tarea inicia con este paso. En los siguientes capítulos ofreceremos recomendaciones a seguir después de este proceso, pero no sin antes mencionar otro par de actividades y ejercicios que nos ayudaran a conocer a nuestra comunidad y a nuestros prójimos.

ESTADÍSTICAS Y PROYECCIONES

En los Estados Unidos y otros países se llevan a cabo censos de la población de una manera regular. La información de los resultados de los censos, en muchas de ocasiones, es fácil de encontrar y hasta es accesible a quienes desean obtener estos datos a través del Internet. Esta información puede cambiar drásticamente de un año a otro o puede que algunas personas no hayan sido «contadas» por temor de estas a responder a los cuestionarios de gobierno. De cualquier forma, las estadísticas y las proyecciones que el censo provee nos dan una historia y una «fotografía» actual de la comunidad en la cual nuestra iglesia se encuentra localizada. Usualmente la información del censo provee datos usando códigos postales o siguiendo líneas geográficas de ciudades o condados. Si estos recursos están disponibles, entonces los siguientes aspectos podrían ser útiles para conocer a las personas que residen en nuestra comunidad:

1. Edad promedio por grupo étnico o código postal.
2. Promedio del salario anual por grupo étnico o código postal.
3. Nivel educativo.
4. Número de habitantes por hogar.
5. Valor promedio de la vivienda.

6. Porcentaje de personas que alquilan y de las que pagan hipoteca de vivienda propia.
7. Porcentaje de personas que viven bajo el nivel de pobreza establecido por el estado.
8. Número o porcentaje de estudiantes que reciben subsidio para la compra de alimentos en la escuela
9. Habitantes por kilómetro o milla cuadrada
10. Porcentaje de hogares con ambos padres presentes y con uno de ellos ausente. De ser posible, el porcentaje de hogares donde los niños son atendidos por personas diferentes a los padres (abuelos, tutores, hermanos mayores, etc.).

La recopilación de estos datos y estadísticas puede ser sencilla, proveyendo hasta cierto punto provee una descripción general de la comunidad. Sin embargo, la desventaja del censo es que no hay una interacción personal con las personas que viven en la comunidad y por lo tanto se le puede dar más importancia a los datos y estadísticas que a las personas de viven en la comunidad. De igual manera, muchas de las denominaciones han contratado los servicios de agencias independientes que se dedican a proveer este tipo de datos y estadísticas, usualmente basadas en códigos postales. Estas agencias presentan informes que son de gran utilidad para conocer a la población y sus detalles demográficos. Sin embargo, en algunas ocasiones estos informes no incluyen a las personas que por temor no responden a sus sondeos, particularmente a las personas indocumentadas. Además, como ya lo he mencionado, el censo no provee la oportunidad y el privilegio de establecer una comunicación cara a cara con nuestros vecinos de la comunidad.

Un análisis breve de la comunidad: Preguntas generales[2]

Aún y cuando considero que la mejor manera de conocer a nuestro prójimo es de forma personal y a través de las encuestas ya explicadas, creo que también es necesario conocer a nuestros prójimos de una manera general y sistematizada. Es decir, es necesario conocer las estructuras sociales y las instituciones presentes en la comunidad, para luego conocer cómo éstas afectan el bienestar de los individuos, en particular, y de la comunidad, en general. Las siguientes preguntas nos llevarán a indagar más a fondo y a conocer mejor a los componentes de la comunidad en las cuales las congregaciones y nuestros prójimos comparten el mismo ambiente social. Las siguientes preguntas pueden ser contestadas por líderes políticos, por agencias de gobierno, por líderes de los distritos escolares, por la gente que tiene y administra negocios en la comunidad, y también por los mismos líderes religiosos. Utilizar estas preguntas puede ayudarnos a observar con intensidad y honestidad las diferencias y similitudes que existen entre las estructuras de la comunidad en general y las comunidades religiosas.

Desde le punto de vista económico

1. ¿Qué grupos o personas son responsables por tomar las decisiones con respecto a las finanzas de la comunidad? ¿Cuáles son las prioridades y compromisos de este grupo con respecto a la comunidad? ¿Cómo se distribuyen las finanzas?
2. ¿Qué tipo de sistema de negocios son prominentes en la comunidad en donde se encuentra la iglesia? ¿Cuál es la relación de estos negocios, con el condado, el estado, la nación, y con compañías transnacionales? ¿Cuáles son los intereses de estos negocios? ¿Qué tipo de ayuda y beneficio proveen estos negocios a la comunidad en general? ¿Invierten sus ganancias en la comunidad? ¿Viven los dueños en la comunidad?
3. ¿Cuál es la participación del gobierno local, estatal y federal en la economía de la comunidad? ¿Cuál es el lugar más cercano de ayuda social impartida y administrada por el gobierno?
4. ¿Cuál es el impacto de los negocios en el medio ambiente de la comunidad? ¿Cuántos lugares de recreación publica se encuentran en la comunidad y cuántos de ellos se encuentren en buen estado?

En general, la economía de la comunidad puede ser descrita con cuál de los siguientes términos:

1. Agrario (la agricultura es el medio principal de la economía de la comunidad)
2. Industrial (fábricas de manufactura son la base de la economía)
3. Recursos Naturales (como madera, minas, petróleo, etc.)
4. Tecnológica (basadas en electrónica y computación)
5. Militar (cerca y dependiente de bases militares)
6. Mixta (una combinación de dos o más de las anteriores)

Desde el punto de vista político

1. En las elecciones más recientes, ¿cuál fue el porcentaje de votos que los partidos políticos recibieron? ¿Qué tipo de foro político y social presentaron los candidatos que resultaron electos? ¿Qué tipo de ayuda social y programas de beneficio comunitario prometieron ofrecer?
2. ¿Cuál fue el porcentaje de la población que votó en las más recientes elecciones? De los que votaron y los que no votaron, ¿cuáles son los porcentajes de grupos minoritarios, mujeres y de aquellos que viven bajo el nivel de pobreza?
3. ¿Qué grupos cívicos y religiosos tomaron parte activa, a favor o en contra, de candidatos o grupos políticos? ¿Cuáles fueron los puntos principales de apoyaron o que rechazaban?

Desde el punto de vista cultural

1. ¿Qué grupos étnicos y culturales son importantes en la historia de la comunidad donde se encuentra la congregación? ¿Hay libros, artículos, panfletos, u otros recursos que la gente puede utilizar para estudiar y aprender de la historia de esta comunidad? Si los hay, ¿cuál es el origen étnico y cultural de los autores de estos recursos? ¿Existe una tradición oral, no escrita de la comunidad en cuestión?
2. ¿Cuáles son los porcentajes de grupos étnicos y culturales presentes en la comunidad? ¿Están estos porcentajes reflejados de manera similar en el gobierno local? ¿En los grupos religiosos? ¿En el liderazgo, administración, personal de los servicios públicos que ofrece la comunidad (como lo son escuelas, centros de salud, oficinas de transporte, hospitales, etc.)?

3. ¿Cuál es el porcentaje de personas que viven en la comunidad que no habla el idioma de la mayoría? ¿Cuáles oficinas de gobierno y de asistencia pública ofrecen servicios de interpretación y traducción? ¿Cuáles de estos lugares ofrecen materiales y recursos en más de un idioma? ¿Cuáles escuelas ofrecen cursos intensivos para adultos y jóvenes para aprender el idioma de la mayoría? ¿Quiénes son los instructores? ¿A qué hora son las clases? ¿Cuál es el costo de estos cursos?
4. ¿Cuántos canales de televisión y radio ofrecen programación en un idioma diferente del grupo mayoritario? ¿Cuántos grupos y comunidades religiosas proveen oportunidades para enriquecimiento espiritual en otros idiomas además del mayoritario? ¿Cuántos grupos religiosos ofrecen ayuda espiritual pero sólo en un idioma diferente del mayoritario?
5. ¿Qué tipo de actividades culturales, como conciertos, sinfónicas, teatro, cine, museos, artesanías, son enfatizadas por la comunidad? ¿Son estas expresiones representativas de la comunidad en general o solo de uno de los grupos presentes? ¿Cuál es la forma común de la distribución y promoción de estas actividades culturales?
6. ¿Cuáles posiciones de liderazgo en grupos cívicos, religiosos, agencias de gobierno y la propia administración de la comunidad son ocupadas por mujeres? ¿Cuál es el grupo étnico o cultural que pertenecen estas mujeres? ¿Cuántas de las organizaciones religiosas y culturales tienen como un líder principal a una mujer? De las mujeres que ocupan posiciones de liderazgo, ¿cuántas de ellas pertenecen a la comunidad local y tiene una trayectoria histórica en ella?

Las respuestas a estas preguntas nos llevarán a conocer de una manera más amplia la comunidad en la cual se encuentra localizada nuestra congregación. Por lo tanto, el análisis de estas respuestas nos puede llevar a no sólo a conocer más de cerca de nuestro prójimos y vecinos, sino también el mismo análisis nos puede indicar áreas en las cuales existen necesidades comunitarias y quizás aun necesidades de algún grupo o personas dentro de la misma comunidad.

Los métodos y ejercicios presentados en este capítulo son sugerencias prácticas y formas útiles para invitar y desafiar a nuestras congregaciones a conocer la comunidad que les rodea. La intención no es inundar a la congregación con cantidades enormes de datos y estadísticas. Más bien, el objetivo es conocer a fondo las dinámicas y estructuras sociales que existen en cada comunidad. Aún más, el propósito principal de estas actividades es conocer a las personas en nuestra comunidad de una manera integral, es decir, conocer todos los factores que tienen una influencia sobre ellos, tanto positiva como negativa. Nuestro afán no es juzgarlos o utilizarlos como un medio más en nuestra labor social, sino más bien entender que el deseo de conocer a una persona o a un grupo es motivado por amor. Deseamos establecer relaciones amistosas. Por lo tanto, para desarrollar este tipo de relación, y como en toda relación de amistad y amor, se requiere un conocimiento integral y un intercambio equitativo. Es decir, la meta de este análisis de tipo social es conocer a nuestro prójimo. Esto requiere conocerle de una manera integral y tratarle con respecto y dignidad, ya que el motivo de esta relación es el amor, como un reflejo del amor de Dios, demostrando el amor que Dios tiene por todos y cada uno de ellos.

3

Movidos a compasión y misericordia: Un plan de acción para el bienestar social a corto plazo

«Un intérprete de la Ley se levantó y dijo, para probarlo: Maestro, ¿haciendo qué cosa heredaré la vida eterna? Él le dijo: ¿Qué está escrito en la Ley? ¿Cómo lees? Aquel, respondiendo, dijo: Amarás al Señor tu Dios con todo tu corazón, con toda tu alma, con todas tus fuerzas y con toda tu mente; y a tu prójimo como a ti mismo. Le dijo: Bien has respondido; haz esto y vivirás. Pero él, queriendo justificarse a sí mismo, dijo a Jesús: ¿Y quién es mi prójimo? Respondiendo Jesús, dijo: Un hombre que descendía de Jerusalén a Jericó cayó en manos de ladrones, los cuales lo despojaron, lo hirieron y se fueron dejándolo medio muerto. Aconteció que descendió un sacerdote por aquel camino, y al verlo pasó de largo. Asimismo un levita, llegando cerca de aquel lugar, al verlo pasó de largo. Pero un samaritano que iba de camino, vino cerca de él y, al verlo, fue movido a misericordia. Acercándose, vendó sus heridas echándoles aceite y vino, lo puso en su cabalgadura, lo llevó al mesón y cuidó de él. Otro día, al partir, sacó dos denarios, los dio al mesonero y le dijo: "Cuídamelo, y todo lo que gastes de más yo te lo pagaré cuando regrese". ¿Quién, pues, de estos tres te parece que fue el prójimo del que cayó en manos de los ladrones? Él dijo: El que usó de misericordia con él. Entonces Jesús le dijo: Ve y haz tú lo mismo.»
(Lucas 10:25-37 Reina-Valera, 1995)

El pasaje anterior es bien conocido porque resalta la importancia del cuidado y la atención al prójimo, que sin lugar a duda es el tema central de la parábola. Además, resalta la manera como el Buen Samaritano atiende y cuida de la persona herida, su prójimo. La manera que este personaje demuestra cuidado y atención a quien se encuentra en una posición vulnerable y con necesidades físicas inmediatas, nos pueden servir para desarrollar un método para responder a las necesidades inmediatas de nuestra comunidad, estableciendo un plan a corto plazo para proveer ayuda inmediata a los necesitados.

Para empezar a desarrollar este método hay que leer y explorar las acciones concretas del Buen Samaritano, que se encuentran listadas en los versículos 33 al 35. La historia relata que el Buen Samaritano «iba de camino, vino cerca de él». En primer lugar hay que notar que el Buen Samaritano se encontraba participando de sus actividades rutinarias y siguiendo el curso normal de su viaje. Empero, estas actividades normales y rutinarias fueron interrumpidas por él mismo, ya que él tomó la iniciativa de acercarse a la persona herida. Por lo tanto, hay que notar que la primera respuesta a corto plazo es: Hacer una pausa de las actividades rutinarias y normales; y la segunda es tomar la iniciativa.

Hacer una pausa en nuestras actividades rutinarias y normales implica establecer un orden de prioridades en el cual la persona en necesidad tome precedencia sobre nuestros quehaceres diarios. Si en verdad se desea ayudar a los que tienen necesidades graves y se encuentran en situaciones precarias, habrá que re-evaluar nuestras tareas diarias, ajustando nuestro horarios de tal manera que dediquemos tiempo para atender a los necesitados.

En ocasiones, esta re-organización de nuestro horario requerirá de sacrificios personales. Me imagino que el Buen Samaritano, al igual que los otros viajeros, tenía planes y compromisos que atender. Al desviarse de su camino, cambiando el curso normal de su itinerario, implicaba un sacrificio personal. Sin embargo, el afán de ayudar y atender al gravemente necesitado tiene prioridad sobre actividades y programas rutinarios; el hacer una pausa y atender al necesitado es una muestra del amor de Dios y una indicación del carácter generoso y humilde de quienes están dispuestos a cambiar el curso de sus planes.

Lamentablemente muchas congregaciones, en su afán de alcanzar a las personas de su alrededor, han desarrollado planes y programas que han funcionado por años. Sin embargo, en muchas ocasiones, estas congregaciones no se percatan que las comunidades que les rodean han cambiado y que sus necesidades también han cambiado. Por lo tanto, los programas de ayer se han convertido en actividades obsoletas. Es necesario evaluar las actividades, los planes y los programas normales y rutinarios de nuestras congregaciones para ver si estos están atendiendo las necesidades actuales de la gente que nos rodea. El hacer una pausa en nuestra rutina nos ayuda a ver más allá de nuestro propio interés y de nuestro propio estilo de vida egocéntrico. Hacer una pausa en nuestra vida ordinaria para ver quién necesita ayuda es el primer paso para descubrir a los que están en necesidad. También nos ayuda a tomar conciencia de nuestro propio egoísmo al administrar nuestro tiempo, atendiendo solamente nuestras necesidades personales y familiares.

El segundo paso es tomar la iniciativa. En el mismo versículo donde la historia nos relata que El Buen Samaritano que «iba de camino, vino cerca de él», la segunda frase nos muestra la acción en cuestión. Es decir, afirma que El Buen Samaritano tomó la iniciativa de ir cerca de la persona necesitada. A pesar de ya hemos presentado la importancia de intencionalidad en las páginas anteriores, creo que es importante resaltar la dirección del movimiento y la acción descrita en la historia. La dirección del movimiento es del Buen Samaritano hacia la persona necesitada, es decir la persona en necesidad; la víctima, la vulnerable no es la que toma la iniciativa, no es la que pide ayuda, no es la que va a solicitar asistencia. Esta acción y la dirección de ella es un desafió a nuestras congregaciones que en la mayoría de las ocasiones cambian el sentido del movimiento y acción, requiriendo –y en algunas ocasiones demandando– que las personas vulnerables inicien el contacto y pidiéndoles que busquen ayuda viniendo a nuestros templos e instituciones. Sin embargo, en esta historia tomar la iniciativa no significa esperar a que alguien pida ayuda, o estar dispuesto a dar ayuda si alguien lo pide; significa ir en busca de los que tienen necesidad y se encuentran es estado vulnerable.

Este tipo de acción y movimiento convierte a la persona con recursos en un agente moral y lo hace responsable por el bienestar de los demás. La responsabilidad moral de ayudar y atender al necesitado no reposa en la persona necesitada, sino en aquellos que tienen los recursos para ayudarles. De esta forma, los que tienen necesidad, a pesar de que ellos no soliciten ayuden, deben ser atendidos por aquellos que aceptan la responsabilidad moral y el compromiso social con los necesitados, nuestros prójimos. El tomar la iniciativa es mucho más que sacar tiempo para hablar con los que se encuentran en necesidad; es mucho más que hacer una pausa y cambiar de dirección. A pesar de que estos pasos son importantes e instrumentales, tomar la iniciativa significa tomar la responsabilidad moral y cristiana de ayudar a los que tienen necesidad; significa buscarlos y encontrarlos para atenderlos.

También es importante notar que este tipo de acción y movimiento implica riesgos. Hay que dejar atrás la comodidad y la seguridad, lo cual va en contra de lo que la mayoría de las personas buscan: seguridad y estabilidad. En los Estados Unidos el tema de la seguridad ha tomado un sentido político y se ha convertido en un aspecto importante del patriotismo y de la identidad nacional, particularmente en reacción a actos de terrorismo. Un ejemplo de esto es la creación y establecimiento del Departamento de Seguridad de la Patria (en inglés, *Department of Homeland Security*), el cual es responsable por proteger y evitar ataques al territorio estadounidense. De la misma manera, muchos de los políticos utilizan este tema para promover sus agendas políticas. Este tipo de retórica se ha infiltrado en nuestras iglesias, las cuales, al igual que la nación, por temor se han restringido y prefieren no tomar riesgos. La nación ha desarrollado un temor colectivo en contra de los extranjeros y en contra de las personas que observan religiones distintas al cristianismo. Lamentablemente, muchas congregaciones han tomado la misma actitud. De esta manera y por esta razón, muchas personas que tienen necesidad, pero caen dentro de las categorías anteriormente descritas, no han sido atendidas. ¿Por qué? Porque los que tienen los recursos tienen que tomar la iniciativa y, en muchos casos, tienen temor de las personas necesitadas, ya que ven estas personas de acuerdo a los estereotipos creados por la sociedad.

Creo que, ante esta situación, es importante hacernos la siguiente pregunta, ¿Cuáles son los riesgos que implica seguir a Jesús hasta Jerusalén? ¿Cuáles son los riegos de llamar «Maestro» y seguir los pasos de aquel que fue rechazado por la sociedad, torturado en público y crucificado por sus su estilo de vida y su mensaje? Lamentablemente estas preguntas no son populares. Son consideradas muy pocas veces y, aun peor, muchas personas y líderes cristianos han «limpiado» los evangelios de todo riesgo, creando un mensaje en el cual es más importante promover la seguridad y estabilidad personal y nacional que amar al prójimo cuando este es percibido como enemigo o agente de riesgo.

Debido a esto, sugiero que hay que volver a leer las historias y las acciones de Jesús en los evangelios y ver el tipo de riesgos que él mismo aceptó al tomar la iniciativa de ir y demostrar el amor de Dios hacia todas las personas, pero particularmente hacia las más necesitadas. De hecho, una acusación común en contra de Jesús tiene que ver precisamente con este tipo de riesgo: ¿Quién es éste que come y bebe con pecadores? ¿Quién es éste que comparte los alimentos con prostitutas, leprosos y recaudadores de impuestos? Me imagino que algunos estarán pensando que estas personas mencionadas aquí no son como los terroristas de hoy, lo cual es cierto. Empero, también es cierto que las personas mencionadas aquí (prostitutas, leprosos y recaudadores de impuestos), al igual que los supuestos terroristas de hoy, eran víctimas de un estigma social. Por lo tanto, la sociedad les había aislado y muchos de ellas les tenían temor; acercarse a ellas era un riesgo tanto personal como nacional. Asociarse con ellas tenía consecuencias sociales y personales que podrían poner en peligro la vida de la persona benevolente.

Mi objetivo en este punto no es pedir que las personas dejen de protegerse a sí mismas, ni mucho menos que no tomen las precauciones necesarias para su seguridad. Estos aspectos son de vital importancia. Mi objetivo es subrayar que el tomar la iniciativa implica tomar riesgos y dejar nuestra posición de comodidad y seguridad para buscar el bienestar de los demás, particularmente los necesitados. Sin este paso, sin tomar la iniciativa y el riesgo, entonces ¿quién demostrará el amor de Dios a las personas que han sido fichadas por la sociedad? ¿Quién llevará el mensaje de aliento y esperanza a quienes son considerados como personas no gratas? ¿Quién ayudará a la gran cantidad de personas inocentes que viven en los mismos lugares que la sociedad ha condenado como inestables y peligrosos? Al responder a estas preguntas, al leer los evangelios, y al ver las acciones del Buen Samaritano, mi esperanza es que lleguemos a la conclusión que a pesar de los riegos, nuestra responsabilidad moral y nuestro compromiso cristiano nos llaman a tomar la iniciativa de ayudar al necesitado. Este paso requiere una transformación en nuestra manera de pensar y de actuar; requiere cambiar el mensaje político de seguridad nacional por el mensaje desafiante y la hospitalidad radical de Jesús, quien busca y comparte los alimentos con la gente rechazada.

El tercer paso es la consecuencia lógica de los dos anteriores y se encuentra descrito con tan solo dos palabras en la parábola del Buen Samaritano: «al verlo». De nuevo esta acción cumple y satisface lo que ya hemos explicado en las líneas anteriores, pero a la vez crea un nuevo paso contacto personal, cara a cara. En nuestra sociedad y nuestras comunidades el uso de la tecnología ha tomado gran importancia, las distancias se han acortado y los medios de comunicación informan de acontecimientos minutos después de que estos han sucedido. Sin embargo, todos estos avances no han podido substituir la importancia del contacto personal, cara a cara. Claro que los correos electrónicos, los mensajes en las redes sociales del Internet y las cámaras del Internet que nos permiten ver y conversar con personas alrededor del mundo también nos han ayudado a crear y promover las buenas relaciones personales. Empero, nada de esto es comparable a ir y ver a la persona cara a cara; no hay substituto para el contacto físico y personal.

Precisamente este es el tercer paso, el contacto personal y físico, el tener contacto personal con la persona necesitada. Definitivamente, no es lo mismo el tratar de establecer una relación de amistad y compañerismo sin haber tenido contacto personal y cara a cara con la otra persona. Por lo tanto, el siguiente paso para atender las necesidades de las personas en nuestra comunidad es el establecer un contacto personal.

Como parte de este contacto, hay varios aspectos que hay que considerar. Por ejemplo el contacto personal le da valor y dignidad a la persona. El ver a la persona a los ojos, haciendo contacto visual con ella, es una muestra de respeto y una demostración de aprecio que dignifica a la persona. La mayoría de las personas que se encuentran en situaciones vulnerables y con necesidad son relegadas a un segundo término. La sociedad en general las rechaza y se rehúsa a verlas; por lo tanto, son ignoradas y la sociedad las convierte en personas invisibles.

Hacer contacto personal y visual con cada una de ellas es, pues, un paso vital en establecer una relación de amistad y compañerismo. Este paso, me recuerda a un compañero del seminario, el cual decidió vivir como una persona ambulante, durmiendo en las calles y dependiendo de la bondad de otros para su bienestar. En preparación a esta experiencia mi amigo no se rasuró ni se baño por varios días, y consiguió ropa usada para vestirse. Una vez consideró que estaba listo, se fue al centro de la ciudad y permaneció allí por casi una semana. Después de esta experiencia, él decidió compartir con un grupo de estudiantes, del cual yo era miembro, lo que había aprendido. Sus experiencias y sus enseñanzas fueron de gran valor y los que formamos parte del grupo aprendimos lo que significa ministrar a los necesitados y servir con humildad. Aprendimos la importancia teológica y práctica de la encarnación, temas de gran importancia. Sin embargo, alguien del grupo le preguntó a mi amigo lo siguiente: «¿Qué fue lo que más te impactó y sorprendió al vivir como una persona ambulante?» A lo cual él respondió: «Que la gente en las iglesias, en las calles, en los lugares donde te ayudan, todos evitaban hacer contacto visual conmigo. Todos se evitaban verme a los ojos. La gente era buena y bondadosa, pero por alguna razón el verme a los ojos les era muy difícil». Esta experiencia, aunada con los pasos anteriores y a la luz de la parábola del Buen Samaritano, confirma la importancia de tener contacto físico y personal –cara a cara, ojo a ojo– con personas que son rechazadas por la sociedad. Al hacer esto, nuestro mensaje será sincero y nuestra demostración del amor de Dios será mucho más que frases bonitas y elaboradas. Nuestras acciones reflejarán de una manera práctica y tangible el amor de Dios en acción.

El cuarto paso para aliviar las necesidades de nuestra comunidad es precisamente el título de este capítulo y las siguientes palabras en los versículos que hemos estado analizando, es decir «fue movido a misericordia». Una vez que los pasos anteriores han sido dados, el siguiente paso es acción por compasión. Este cuarto paso cuestiona la motivación de nuestras acciones y nos desafía a ser honestos con nosotros mismos en cuanto al deseo final y objetivo primordial de prestar ayuda al necesitado. En muchas ocasiones y en varios lugares he observado que tanto congregaciones como individuos planean y organizan servicios de ayuda, brigadas de servicio social o actividades para beneficio de la comunidad, pero únicamente con el afán de que quienes reciben la ayuda se comprometan a asistir a otras actividades organizadas por este mismo grupo. Es decir, el objetivo de la ayuda es persuadir a los que se encuentran en necesidad a comprometerse con el grupo o comunidad religiosa que organizó estos servicios. Por lo tanto el objetivo primordial no es el de servir al necesitado o de brindar ayuda desinteresada, sino más bien el buscar nuevos miembros y persuadir a las personas que se afilien a las organizaciones que promueven y desempeñan estas actividades.

Con esto no quiero decir que la ayuda brindada no es útil o que las actividades de servicio no son positivas. Lo que quiero es que nos preguntemos honestamente: ¿cuál es el objetivo primordial de nuestra ayuda y servicio? Si es demostrar el amor de Dios y nuestro amor al prójimo de una manera incondicional, entonces debemos ser consistentes y hacer estas actividades incondicionalmente, es decir, sin esperar algo a cambio. Por supuesto que las personas que reciben la ayuda y atención buscarán conocer de nuestra organización o congregación. Por supuesto, no estoy sugiriendo que debemos permanecer callados, sin compartir con estas personas información sobre nuestras propias congregaciones y organizaciones. Esas preguntas deben ser el resultado de la ayuda brindada, pero no deben ser el objetivo primordial. Este cuarto paso nos desafía a examinar cual es la motivación de nuestras acciones, nuestras expectativas y nuestro objetivo primordial. ¿Buscamos nuevos miembros con prácticas proselitistas y chantaje sentimental? O, por el contrario, ¿deseamos poner en práctica de manera desinteresada una forma clara y tangible del amor de Dios y del amor al prójimo?

Evaluar los objetivos primordiales y las motivaciones detrás de nuestras acciones como parte de los objetivos a corto plazo nos ayudará a combatir la frustración y a cooperar con otras organizaciones y congregaciones en nuestra comunidad. Con respecto a combatir la frustración, muchas personas tienen la idea que el trabajo social y la ayuda a la comunidad son formas efectivas de evangelismo y piensan que el éxito de cada actividad social debe evaluarse con respecto a las nuevas personas que se «convierten» o que se hagan miembros de la organización o congregación en cuestión. Este tipo de mentalidad crea frustración, ya que las personas involucradas en estas actividades no ven los resultados anticipados con respecto al incremento de la membresía o nuevos creyentes. Las personas con estas expectativas pronto se empezaran a quejar expresando sus frustraciones de la siguiente manera: «¿Por qué invertimos tanto dinero, trabajo y esfuerzo en estas actividades cuando la gente no viene a nuestra iglesia? La gente que ayudamos no es agradecida, ni siquiera vienen a nuestra iglesia como una manera de demostrar su gratitud por lo que hemos hecho por ellos. Probablemente es mejor dejar de hacer estas actividades y usar nuestros recursos en otros ministerios que si traigan gente a nuestra congregación». Este tipo de quejas son un producto directo de tener un objetivo primordial erróneo y una motivación equivocada, es decir, el buscar aumentar la membresía en lugar de brindar ayuda por compasión.

Quienes están motivados a actuar por compasión no tienen interés numérico ni buscan persuadir a los que reciben ayuda. En este paso a corto paso, debemos preguntarnos honestamente, ¿por qué ayudamos a la gente? ¿Por qué dedicamos tiempo y dinero para atender las necesidades de los demás? Al contestar debemos de ser sinceros y evaluar nuestra motivación: ¿Lo hacemos por compasión y por cualquier otro motivo? Como ya hemos mencionado anteriormente, nuestra responsabilidad moral y social está directamente relacionada con nuestra relación con Dios, y en este paso, nuestra compasión proviene de entender y haber experimentado el amor de Dios. Por lo tanto, nuestra compasión nace por amor a Dios. Es teocéntrica y, por lo tanto, al ayudar a los demás no esperamos algo a cambio, pues nuestra ayuda es un reflejo de la compasión de Dios para con nosotros.

Dios demostró su amor para con nosotros cuando merecíamos la muerte. En su compasión, Dios nos dio vida y Cristo murió por todos los pecadores de una manera incondicional. Por lo tanto el ser movido a compasión para atender al necesitado es una acción que proviene de Dios y que debe ser expresada claramente en nuestros objetivos primordiales y, por supuesto, en nuestra motivación.

De igual manera, el no tener este tipo de entendimiento y motivación puede crear frustración y animar un espíritu de competencia entre los grupos de cristianos que desean de servir a la comunidad. Por ejemplo, si dos o más grupos se encuentran prestando ayuda social a la gente de la misma comunidad, la frustración se convierte en competencia. Los grupos competirán por la atención, la asistencia, y, finalmente, la membresía de la gente de la comunidad. En varias ocasiones, los grupos que cuentan con recursos para ayudar a la comunidad, pero su motivación es el crecimiento numérico, ofrecen ayuda siempre y cuando la gente asista a los servicios religiosos que la organización ofrece. En casos extremos, estas organizaciones niegan la ayuda si las personas asisten a otras congregaciones. Lamentablemente, yo he sido testigo de este tipo de competencia que pone a las personas necesitadas a escoger entre grupos que para ellos no tienen ninguna diferencia. Lo que es peor, en muchas ocasiones estas personas no reciben la ayuda que necesitan debido a las tensiones y la competencia entre las congregaciones presentes.

De nuevo, si estas congregaciones entendieran su trabajo, su labor y la ayuda que puedan prestar como muestra del amor incondicional de Dios y como demostración tangible de nuestro amor al prójimo, este tipo de competencia por nuevos miembros no sucedería. Al contrario, estos grupos buscarían la manera de trabajar juntos para ofrecer más y mejor ayuda a la comunidad, en lugar de forzar a escoger entre grupos que para muchas personas son iguales, ya que las diferencias denominacionales y teológicas no son evidentes para las personas vulnerables y necesitadas.

Además, esta competencia deja mucho qué desear de nuestro testimonio cristiano, ya que niega la unidad de la Iglesia de Cristo y en cierta forma niega la fe de los otros grupos, ya que las personas que reciben ayudan de «los otros» no son atendidas de la misma manera. Esto crea la percepción de que «los otros» están equivocados y, por lo tanto, no se debe de recibir ayuda de ellos, sino solo de un grupo que se autonombra como el «correcto», como el «verdadero» en comparación a «los otros». Por eso, el grupo que dice ser el correcto niega la validez de los otros grupos, que también se autodenominan cristianos, y, en ocasiones, hasta los acusan de ser falsos. Esto crea una gran ironía en sus prácticas, actitudes y creencias, ya que por una parte dicen amar al prójimo y por la otra parte lanzan acusaciones en contra de otros grupos cristianos. Además, esto crea una gran confusión entre las personas necesitadas.

La gente que tiene necesidad y que se encuentra en situaciones vulnerables pronto se dará cuenta de estas dinámicas y de los motivos ulteriores de la ayuda que se les ofrece. Precisamente por esta razón, aún cuando asistan a nuestras actividades, esta gente sospechará de los motivos de la ayuda prestada. Las personas en necesidad no son ignorantes y pronto se darán cuenta que, para muchas organizaciones y congregaciones, ellos son sólo un número más que añadir a la membresía; comprenderán que los grupos compiten por ellos, no tanto por el deseo de ayudarles sino para mostrar superioridad en números. Por estas razones, es de extrema importancia el considerar y evaluar los motivos de nuestras acciones, ya que a pesar de que estos aspectos son importantes a corto plazo, los efectos de ellos tienen implicaciones a largo plazo y pueden llevar a serios problemas y frustraciones con todas las personas involucradas.

El siguiente y último paso a corto plazo, siguiendo la narrativa del Buen Samaritano, es: «Acercándose, vendó sus heridas echándoles aceite y vino, lo puso en su cabalgadura, lo llevó al mesón y cuidó de él». El mensaje de estas líneas puede ser resumido de la siguiente manera: Atender las necesidades urgentes involucrándose de una manera personal. Me imagino que la reacción de la gran mayoría de nosotros al ver una persona herida y sangrando, no es ofrecer auxilio o atención medica, a menos que tengamos la experiencia en este campo. La mayoría de nosotros ante tal situación probablemente hubiéramos llamado por teléfono para que alguien viniera a atender al herido, quizás hubiéramos buscado ayuda en algún lugar cercano o quizás hubiéramos buscado a alguien que nos acompañara para prestar ayuda.

Estas reacciones denotan el ambiente de desconfianza que existe en nuestra sociedad, ya que muchas personas «se hacen pasar por necesitadas» con el propósito de asaltar y tomar ventaja de los que tienen la voluntad de ayudar. Sin embargo, en estas líneas el Buen Samaritano presenta un tipo de acción que nos desafía. Por supuesto que en aquellos días no había servicios médicos de emergencia y mucho menos teléfonos para pedir ayuda. Sin embargo, la actitud y las acciones detalladas en este personaje principal son dignas de admiración e imitación.

En estas últimas líneas podemos ver que el Buen Samaritano se involucra de una manera personal, tomando riesgos y analizando rápidamente la situación para dar una solución inmediata a las necesidades del herido. Es probable que la situación aquí presentada haya sido una situación de vida o muerte, en donde la indiferencia a las necesidades del herido pudieran haberlo llevado a la muerte. Por lo tanto, las acciones del Buen Samaritano deben de ser interpretadas como acciones que preservan la vida, que ofrecen una nueva oportunidad de vivir. Sus acciones afirman que la vida de los semejantes tiene valor intrínseco que debe ser preservado, protegido y cuidado, sin importar los riesgos o inconveniencias. La situación es simple: alguien está al borde de la muerte y el Buen Samaritano cumple con la responsabilidad moral de proteger y preservar la vida del herido.

Creo que es muy importante notar que en esta parábola los actores principales, el herido y el Buen Samaritano, pertenecen a grupos con gran rivalidad entre ellos. El Nuevo Testamento presenta a los samaritanos y los judíos como enemigos. Entre ellos existen muchas tensiones relacionadas no tan solo con diferencias étnicas, sino que también tenían grandes diferencias culturales, de clase social, políticas y religiosas. En pocas palabras, los dos grupos aquí representados, típicamente son caracterizados como polos opuestos; como gente que prácticamente se odiaban y que no tenían respeto los unos por los otros.

Quiero hacer notar las tensiones presentes en la parábola, porque a menudo cuando expreso mi opinión, en congregaciones o conferencias, con respecto a nuestra responsabilidad moral de ayudar al necesitado y de preservar la vida de las personas vulnerables, muchas de las personas presentes de inmediato me cuentan historias de personas que han abusado de su buena voluntad o de que ellos han intentado ayudar pero la gente que recibe la ayuda la utiliza para otros propósitos. Por supuesto, no puedo ni quiero negar la veracidad de sus historias; no tengo duda que este tipo de abuso existe y que en gran manera afirma las percepciones erróneas de muchas personas y desalienta a los que con sinceridad quieren ayudar. Sin embargo, precisamente este tipo de tensiones y diferencias aparecen en el texto, al traer a estos grupos representativos en la parábola.

Los judíos acusaban a los samaritanos de ser inferiores y de abusar de su herencia étnica y religiosa. Además, les consideraban responsables de la corrupción del culto a Dios. Por su parte, los samaritanos alegaban que ellos eran los que tenían el lugar predilecto en la adoración de Dios y que sus prácticas religiosas eran más santas y puras que las de los judíos. Este tipo de tensiones y diferencias en varias ocasiones llevó a disturbios y confrontaciones públicas entre miembros de estos grupos. Estos dos grupos –que se odiaban y que por supuesto buscaban el mal del otro en lugar del bienestar– son presentados aquí como un ejemplo claro de la importancia y la responsabilidad moral de atender al que se encuentra en necesidad sin importar las tensiones y las diferencias ideológicas. Por lo tanto, las razones o excusas que la gente pueda dar para no involucrarse, aunque estén bien fundamentadas, no son suficientes para negar la ayuda al que tiene necesidad y para proteger y preservar la vida de aquel que se encuentra en situaciones vulnerables. La responsabilidad moral, basada en esta parábola, es clara. Nuestro deber y nuestra obligación es ayudar, inclusive cuando las personas necesitadas son consideradas como enemigas.

De la misma manera, y utilizando el mismo argumento, cabe hacer una pequeña pausa para tratar un asunto que ha dividido a muchas de nuestras comunidades y que ha sido muy controversial. Me refiero al estatus migratorio de personas que viven en los EE. UU. sin documentos legales y la ayuda que estas personas pueden y deben de recibir. Ante esta situación, varios estados, personas, iglesias, e instituciones han creado leyes, reglas y provisiones para asegurarse que estas personas no tomen ventaja de los recursos que ofrecen. De acuerdo a estos grupos, estas personas son propiamente llamados «ilegales» y por lo tanto no se merecen la ayuda que ellos puedan ofrecer. En algunos casos, este tipo de exclusión llega a casos extremos en donde se propone, como solución, negarles los servicios médicos, escolares y la posibilidad de alquilar o comprar un hogar. Sin embargo, hay otros que se rehúsan a hacer esta distinción y de cualquier manera, sin importar el estatus migratorio, ofrecen ayudas a todas las personas necesitadas. Creo que las organizaciones cristianas deben utilizar la parábola del Buen Samaritano como criterio para analizar esta situación, entendiendo las tensiones entre judíos y samaritanos. De esta manera las conversaciones con respecto a la gente indocumentada deberá tener un diferente aspecto, ya que aún cuando estas personas sean consideras como enemigas, la respuesta es clara y debe ser la misma en esta ocasión: los cristianos tenemos una responsabilidad moral de ayudar y proteger a los que se encuentran en necesidad y están en un estado vulnerable.

Las leyes internacionales, que se encargan de regular casos de guerra entre países, demandan que los soldados que se encuentran heridos deben de recibir ayuda médica. Si las leyes internacionales requieren esto en situaciones de guerra, aun más se requiere de quienes profesan la fe cristiana cuando se trata de ayudar a los necesitados. Sin lugar a duda, nuestra respuesta a corto plazo debe ser ayudar, involucrándonos de manera personal, buscando el bienestar y preservando la vida de los que están en necesidad.

Estos cinco pasos basados en la parábola del Buen Samaritano tienen la intención de ayudarnos a desarrollar una respuesta inmediata a las necesidades de individuos y de la comunidad. Estos pasos nos motivan y nos desafían a entender las razones, los objetivos y las motivaciones que nos llevan a tomar acción; y, por supuesto, a dar una respuesta inmediata a las necesidades primordiales. Una vez que estos pasos han sido tomados, las siguientes consideraciones pudieran ser útiles para organizar la ayuda que se puede ofrecer a las personas en necesidad en nuestras comunidades.

1. Hacer una evaluación y estudio realista de los recursos que se encuentran presentes en nuestras congregaciones y organizaciones.

Este tipo de estudio no solamente se refiere a recursos financieros o aspectos presupuestarios, aunque estos son una parte importante. La evaluación de recursos también incluye: a) Recursos humanos; b) Recursos de expertos; c) Recursos materiales; d) Recursos de enlace.

Obviamente el primer aspecto a evaluar es el presupuesto anual de la congregación o de la organización dedicada a ofrecer servicios de ayuda a la comunidad. Lamentablemente, en la mayoría de las congregaciones este renglón es uno de los más reducidos. Si este es el caso, la recomendación es ajustar otras líneas del presupuesto para añadir a este o revisar el presupuesto para el siguiente año para incluir una cantidad que pueda dar respuesta a las necesidades de los individuos vulnerables en la comunidad y de la comunidad en general. Pero como los recursos financieros son limitados y en muchas de las ocasiones no son constantes, es necesario buscar otros recursos para ayudar a la gente de nuestra comunidad, ya que los recursos financieros no son los únicos recursos disponibles; hay otras opciones viables.

a) Recursos Humanos: Si los ingresos no son constantes y el presupuesto no se puede ajustar, entonces es necesario buscar otros recursos para ayudar a la comunidad y al prójimo. Una alternativa será el tiempo y la disponibilidad de las personas que ya son parte de la congregación. Estos recursos son tan importantes tanto como el dinero, ya que si en nuestras congregaciones hay personas que tienen tiempo disponible para ayudar a la comunidad, su tiempo representa dinero. Por lo tanto, las congregaciones que tengan dificultad en conseguir recursos financieros pueden buscar personas que se comprometan a ser voluntarias en trabajos y actividades diseñadas para ayudar los necesitados y a la comunidad en general. Si estas personas están convencidas de su responsabilidad moral y cristiana de ayudar al prójimo, pero no tienen los recursos económicos para hacerlo, pueden dar de su tiempo para ayudar en su tiempo disponible.

b) Recursos de expertos: Otra forma de utilizar los recursos humanos de nuestras congregaciones, y que no implica el usar recursos monetarios, es el identificar «expertos» en alguna profesión, actividad técnica, o con vasta experiencia en algún aspecto de importancia que pueda ser útil para la gente de la comunidad. El primer grupo de personas pueden ser profesionistas que deseen servir como mentores y ofrecer sus servicios profesionales de una manera gratuita a la gente de la comunidad. Por ejemplo, los abogados pueden ofrecer ayuda legal o recomendaciones sobre los pasos a cuando la gente de la comunidad los pudiera necesitar. También loas personas que sirven en el campo de la medicina –tanto como doctores o doctoras en medicina, enfermeros o enfermeras, etc.– pueden ayudar con clínicas ambulantes o con servicios básicos de salud a la gente de la comunidad.

Claro que este tipo de ayuda requiere organización y requiere establecer nexos de ayuda con otras organizaciones (como el departamento de salud local, hospitales, etc.). Este tipo de ayuda es hasta cierto punto fácil de organizar y requiere mínimos recursos financieros. Y aun en el caso que este tipo de expertos no estén presentes en nuestras congregaciones, quizás se pudieran identificar y localizar a expertos que asisten a otras congregaciones o que, a pesar de no tener inclinaciones religiosas, desea ayudar a la comunidad. Su congregación les puede presentar su análisis de las necesidades de la comunidad junto a un plan bien organizado que motive a estos expertos a colaborar en este proyecto.

Lo mismo ocurre con expertos en aéreas técnicas, como lo son los mecánicos, electricistas, plomeros, etc. Estas personas pueden ser organizadas para proveer de sus servicios de una manera gratuita, quizás un día al mes, o se les puede pedir que atiendan a un precio reducido o simbólico las necesidades de las personas en la comunidad que no puedan pagar por este tipo de servicios. Finalmente, podría ayudar a adiestrar a otras personas para que ellas puedan realizar tareas básicas en estas áreas de trabajo técnicas. Quizás, en un futuro, estas personas puedan aprender el oficio para luego establecer su negocio en alguna otra comunidad.

c) Recursos materiales: Quizás los recursos más evidentes pero menos utilizados para el bien de la comunidad son los recursos materiales que se encuentran en los templos y edificios donde se congregan las iglesias y grupos cristianos. Esto se debe a que la mayoría de las actividades relacionadas con el culto cristiano ocurren durante los fines de semana, especialmente el domingo. Por esta razón, la mayoría de los salones de clase y el mismo templo muchas veces no son utilizados entre semana. Es necesario, pues, explorar el uso de estos lugares a la luz de las necesidades de la comunidad. En muchas ocasiones hay organizaciones activas en el servicio a la comunidad que requieren lugares disponibles para sus actividades especiales, como la distribución de comida y regalos durante las festividades de Navidad. Estos espacios, que no se utilizan durante la semana, pueden ser de gran ayuda para proveer servicios a la comunidad. Esto requiere un contraste entre la evaluación de las necesidades de la comunidad y el análisis del uso de los lugares de reunión en nuestros santuarios. Una vez esto haya sido realizado, se pueden encontrar soluciones a las situaciones de mayor urgencia y necesidad. Por ejemplo, si el edificio donde se reúne la congregación cuenta con salones de clase y si las necesidades de la comunidad son relacionadas a atender y cuidar de niños y adolescente antes y después de la escuela, o si la mayoría de las familias andan en busca encontrar una guardería para los niños más pequeños, entonces estos lugares son ideales para proveer estos servicios a la comunidad, creando una organización con voluntarios y cobrando sólo lo necesario para cubrir los gastos básicos. También se puede crear una organización sin fines de lucro (en inglés, *non-profit organizations*). Además, los salones pueden ser utilizados para ofrecer clínicas de salud y para proveer un lugar de reunión para que estudiantes de la comunidad hagan sus tareas, reciban tutorías y lean libros de una manera extracurricular. Por lo tanto, los recursos materiales, los edificios, los salones de clase, los parques, las áreas de juego y los jardines pueden ser de gran beneficio tanto para la comunidad como para las organizaciones de ayuda establecidas que proveen atención adecuada pero que necesitan espacios más grandes en ocasiones especiales.

d) Recursos de enlace: Finalmente, otro tipo de recursos que también están disponibles en nuestras congregaciones y que no requieren de recursos financieros adicionales son los de enlace, es decir de recomendación y conexiones con las personas apropiadas. En muchos de los casos las personas vulnerables desconocen o no tienen acceso a las personas que deben de contactar para conseguir la ayuda necesaria para encontrar trabajo, buscar un lugar donde vivir o donde puedan conseguir orientación con servicios escolares y médicos, entre otros. Precisamente por estas razones, nuestras congregaciones pueden crear una «red» de enlace y conexiones en donde se establezca un directorio de los servicios y los contactos para cada organización. Esto servirá para orientar a las personas a dónde ir, a quién buscar y qué documentos llevar, etc. Este tipo de ayuda es de gran utilidad, ya que en los Estados Unidos está comprobado que una de las causas principales que lleva a las personas a quedarse sin hogar es la falta de un sistema de enlace de conexiones, es decir, de familiares, amigos y personas que les orienten a qué tipo de recursos hay disponibles para ellos para evitar que caigan en esta lamentable condición. Por supuesto, elaborar una base de datos como ésta toma varias horas de labor. Sin embargo, una vez compilada, esta lista puede ser de gran ayuda para mucha gente de la comunidad. Y aun más, si la congregación quiere caminar «la segunda milla», pues entonces no solo puede referir a las personas a los lugares y a las personas indicadas en la lista, sino que también pueden llevarlas personalmente para asegurarse que sean atendidas adecuadamente y que la ayuda será otorgada de una manera   efectiva.

Si las congregaciones hispanas no tienen estos recursos de enlace y conexión disponibles, entonces pueden buscar cómo organizar este tipo de ayuda con personas anglosajones de otras iglesias, que estén dispuestas y prestar este tipo de servicios. Es resumen, se debe investigar qué tipo de ayuda y servicios se encuentran disponibles en la comunidad, quiénes son las personas responsables por cada uno de estos, y qué se requiere para obtener la ayuda en cuestión.

2. Hacer una evaluación de los recursos de la denominación y de otras congregaciones en la comunidad.

Otro aspecto que no hemos considerado pero que es igualmente efectivo y oportuno es buscar recursos dentro de la denominación a la cual la congregación pertenece. Muchas veces las autoridades y los líderes denominacionales tienen acceso a recursos financieros, tales como materiales y contactos que pueden ser de gran ayuda. Muchas de las denominaciones tradicionales tienen contractos con agencias independientes que se dedican a hacer estudios demográficos basados en los códigos postales que proveen información actualizada que nos puede ayudar a conocer mucho más el tipo de comunidad que rodea a la congregación. Además, muchas veces los contratos con estas agencias incluyen el ofrecer servicios a las congregaciones locales. Por lo tanto, una persona designada de cada congregación local puede tener acceso a esta información y generar informes etnográficos y demográficos de la comunidad en cuestión.

De igual manera, muchas denominaciones cuentan con recursos financieros que se pueden solicitar por medio de propuestas específicas, siempre y cuando se cumplan los requisitos para los cuales estos fondos fueron donados a o designados por la denominación. También los líderes denominacionales pueden tener contactos en oficinas de gobierno y en el sistema educativo. Estos contactos pueden ser de gran ayuda en situaciones difíciles, proveyendo apoyo moral y político cuando sea necesario. Aún si estas personas no pueden ayudar o contribuir de una manera directa, quizás puedan ofrecer nombres y contactos de personas que tengan la voluntad de ayudar. Por lo tanto, es primordial contactar a los directivos y a los líderes de la denominación a la cual la congregación pertenece para conocer los recursos disponibles para todas las congregaciones.

Si los recursos denominacionales no están disponibles o si la congregación no está afiliada a una denominación, entonces se recomienda organizar varias congregaciones de la comunidad para brindar la ayuda necesaria. Unir los recursos de varias congregaciones puede ser más efectivo, dando una respuesta a corto plazo para tratar de atender las necesidades a través de cada congregación. Para este fin, se puede organizar un alianza ministerial por medio de la cual el trabajo del proyecto en cuestión pueda ser dividido de acuerdo a los recursos que cada congregación tenga disponibles. Obviamente este tipo de distribución de trabajo y contribución de recursos pueden crear problemas, principalmente si el proyecto se visualiza como una forma de atraer personas a una iglesia en particular. Por esta razón, se recomienda que si varias congregaciones van a emprender este proyecto, antes de la división del trabajo y de compartir los recursos, es necesario que se establezcan los objetivos y prioridades de una manera clara, en el entendimiento que la razón principal del proyecto es atender las necesidades inmediatas de la comunidad.

3. Hacer una evaluación de los recursos existentes tanto del gobierno como de organizaciones independientes.
Este siguiente paso es muy similar al anterior, pero en lugar de investigar dentro de la denominación, en este caso la tarea es de buscar qué tipo de recursos se encuentran disponibles a todos los niveles de gobierno en la comunidad en la cual se encuentra localizada la congregación en cuestión. Una visita a las oficinas de los administradores de la ciudad puede ser de gran ayuda, especialmente para un nuevo ministro. En este caso, hay que seguir el protocolo indicado y hacer una cita para que el nuevo pastor o la nueva pastora se presente ante las autoridades locales, expresando el deseo de colaborar con las autoridades locales para el bienestar de la comunidad en general.

Dependiendo de la ciudad y del tamaño de la administración, este tipo de entrevista puede resultar en esfuerzos de apoyo mutuo y de colaboración entre estas dos entidades. También permitirá que la congregación sea identificada como un centro de ayuda y apoyo a la comunidad. Por supuesto que no hay que limitarse a los recursos locales. También hay que explorar aquellos que se encuentren disponibles al nivel del condado, del estado y aun en el gobierno federal.

Muchas personas ven este tipo de actividad como una pérdida de tiempo, pero en muchos casos la persistencia y la presentación de un plan concreto de trabajo para dar respuestas a las necesidades de la comunidad han tenido éxito gracias a la colaboración con autoridades gubernamentales. Por ejemplo, en varias ocasiones y en varios estados, he presenciado cómo el departamento de salud del condado ha trabajo con iglesias para patrocinar ferias de la salud, en las cuales se ofrecen vacunas y servicios médicos básicos de una manera gratuita o accesible. El gobierno estatal también ha contribuido haciendo cambios y revisiones, como el aprobar profesores y personal bilingüe en las escuelas gracias a la iniciativa de las iglesias locales.

Finalmente, aunque el gobierno federal se ve más distante y las posibilidades de obtener ayuda y apoyo a través de él pueden ser remotas, también puede proveer recursos para beneficiar la comunidad local. Por ejemplo, los incentivos e iniciativas de apoyo otorgadas a grupos religiosos locales (en inglés, *Faith Based Initiatives*) proveen fondos para brindar ayuda social a las comunidades, utilizando las organizaciones religiones para canalizar el dinero. Gracias a este programa, muchas iglesias y comunidad han recibido la ayuda que estaban buscando.

Pero no solo el gobierno, en todos sus niveles, cuanta con recursos de apoyo para las comunidades en necesidad. También hay organizaciones y fundaciones que se dedican a promover el bienestar social. Además, es importante indagar qué tipo de recursos proveen estas organizaciones y en dónde están disponibles. La siguiente lista enumera algunas de estas agencias y fundaciones. La lista no sigue ningún orden en particular y de ninguna manera pretende ser exhaustiva:

1. United Way
2. Make a Wish Foundation
3. The Hearst Foundation
4. Habitat for Humanity
5. The Food Bank
6. Second Harvest
7. Rotary Club and Lions Club
8. The Salvation Army
9. Goodwill Industries
10. St. Jude Hospital and Shriners Hospital

4. Organizar un grupo de personas responsables para la coordinación y planificación del proyecto de acción social.

Una vez que los pasos anteriores hayan sido atendidos, lo que procede es elaborar un plan de trabajo que ofrezca respuestas prácticas a las preguntas de las personas que se encuentran en necesidad. Los mismos pasos y recomendaciones anteriores dictarán y determinarán cual es la manera más efectiva y cuáles son las necesidades que se deben de atender a corto plazo. Dado que esto implica varias horas de trabajo y liderazgo, se recomienda que un grupo de personas, de no más de cinco miembros se haga cargo de trabajar en este plan y que sean ellos quienes presenten el plan de acción a la congregación en general y la comunidad si así lo requiere. Los grupos con más de cinco miembros tienden ser menos efectivos y toman más tiempo deliberando que en el desarrollo del proyecto. Estas personas, además de estar convencidas de la importancia de este trabajo, también deben comprender las implicaciones teológicas y ministeriales de su labor, ya que ellos serán los encargados de planear, promover, coordinar, evaluar y, finalmente, implementar el plan de acción social a beneficio de la comunidad. También es recomendable que este grupo de personas cuente con diferentes dones y talentos; es decir, que las personas que componen el grupo tengan experiencia y cualidades en diferentes aspectos administrativos y de liderazgo. Sería aún mejor si tienen experiencia en trabajos o actividades similares al proyecto que se desea establecer.

A manera de conclusión es importante notar que estos pasos y consideraciones están encaminados a dar respuestas a corto plazo; es decir, a responder a las necesidades sintomáticas y las que requieren atención inmediata. No obstante, debemos notar que algunas necesidades son crónicas, ya que se encuentran presentes constantemente y son parte de los problemas más graves de la comunidad. Los pasos arriba mencionados tienen la intención de indicar cómo responder a estas necesidades. Por supuesto, algunas de ellas están encaminadas a proveer respuestas inmediatas, mientras que la implantación de otras tomará un poco más de tiempo. Sin embargo, ambas tienen el objetivo de dar una respuesta directa a las necesidades actuales de la comunidad en la cual se encuentra situada la congregación.

4

Enfrentando barreras:
Estrategias para largo plazo

De la misma manera que el capítulo anterior estuvo basado en una reflexión de la parábola del Buen Samaritano, también este capítulo continuará meditando sobre la parábola, pero ahora para atender las necesidades a largo plazo. Sin embargo, esto será solo por una parte de este capítulo, ya que las estrategias a largo plazo tienen un doble propósito: el primero es de sostener y continuar los proyectos de ayuda previamente establecidos, que están dedicados a atender las necesidades inmediatas de la comunidad; y el segundo es tratar de resolver y responder a las causas y las raíces que ocasionan las necesidades en la comunidad. Esto puede parecer contradictorio, pero al ser explicado y analizado las contradicciones aparentes desaparecerán. Pero antes de analizar y desarrollar el segundo objetivo, retomemos la reflexión bíblica basada en El Buen Samaritano, comenzado con el versículo 35, que fue donde pausamos la historia en el capítulo anterior.

> Otro día, al partir, sacó dos denarios, los dio al mesonero y le dijo: "Cuídamelo, y todo lo que gastes de más yo te lo pagaré cuando regrese". ¿Quién, pues, de estos tres te parece que fue el prójimo del que cayó en manos de los ladrones? Él dijo: El que usó de misericordia con él. Entonces Jesús le dijo: Ve y haz tú lo mismo. (Lucas 10:35-37 Reina-Valera, 1995).

El primer aspecto que resalta en la culminación de la parábola es el hecho que el Buen Samaritano no solamente atendió de las necesidades inmediatas de la persona que fue asaltada, sino que al «otro día» también demostró preocupación por él. Esta simple acción demuestra la importancia de buscar la manera de atender las necesidades urgentes, pero también indica la importancia de ser pacientes y atender a los necesitados más de una vez, en más de una ocasión. En este caso, podemos asumir que el Buen Samaritano regreso al día siguiente para ver cuál era la condición del enfermo y ver que más le hacía falta. Lamentablemente, en la cultura de los Estados Unidos y en la sociedad en general hay una marcada tendencia a buscar soluciones rápidas para obtener resultados inmediatos. Y cuando no llegan estos resultados, existe la tendencia a culpar al necesitado, abandonando los proyectos de ayuda. Se acusa a las personas que recibieron la ayuda de no responder de la manera esperada y de no cumplir con las expectativas de los que brindaron la ayuda.

Sin embargo, en la parábola sucede lo contrario. La persona necesitada no da indicios de cambio, ni siquiera se indica que la persona es capaz de pedir ayuda. Empero, la historia enfatiza que el Buen Samaritano regresó a ver al necesitado para indagar acerca de su condición y el progreso en su salud. Por lo tanto, atender a los necesitados demanda paciencia y persistencia, ya que en muchas ocasiones los que han «caído en manos de ladrones» han sido seriamente lastimados y aliviar su condición requiere mucho más que un simple parche sobre la herida.

Como ya he mencionado, el Buen Samaritano ha interrumpido viaje y negocios para atender al herido, y bien pudo haber continuado en su jornada después de haber prestado ayuda inmediata a esta persona. Sin embargo, la historia no concluye de esta manera. La parábola continúa, demostrando la importancia de establecer una relación que va más allá del contacto ocasional e inicial. Nos enseña que atender las necesidades humanas de una manera integral requiere de mayor tiempo y dedicación que el simple contacto superficial con expectativas de una pronta solución.

Esto no significa que debemos conformarnos a que la realidad nunca va a cambiar y que la persona nunca va a mejorar. Lo contrario es cierto y parte de este capítulo será dedicado a atender estos aspectos. Empero, esta historia resalta la importancia de la perseverancia y la atención más allá de una solución rápida y fácil. Es decir, las personas dedicadas a este tipo de ministerio deberán comprender que la tarea no es fácil; hay que enfrentar muchas barreras antes de ver los resultados esperados por la mayoría de la gente.

Otro aspecto muy importante, y que en muchas de las ocasiones causa disensiones, es el factor financiero. Y a pesar de que dedicamos gran parte del capítulo anterior a proveer estrategias para atender los problemas y necesidades de la comunidad sin utilizar grandes cantidades de dinero, la realidad que nos presenta la parábola es la misma que todas las congregaciones tendrán que enfrentar: es necesario invertir de fondos para atender a la comunidad y las personas necesitadas en ella.

En la parábola, el Buen Samaritano se compromete y se hace responsable por los gastos que en los cuales el necesitado va a incurrir. El texto lo expresa de la siguiente manera: «al partir, sacó dos denarios, los dio al mesonero y le dijo: "Cuídamelo, y todo lo que gastes de más yo te lo pagaré cuando regrese"». Sin lugar a duda, el sacrificio personal que vemos en esta expresión va aún más lejos del sacrificio personal del cual ya hablamos en el capítulo anterior. El actuar con compasión y convertirse en un «Buen Samaritano» requiere una inversión financiera a favor de la persona necesitada. La parábola muestra que la tarea, la responsabilidad; el privilegio de ayudar al necesitado requiere de una inversión económica sin esperar algo a cambio. En este caso el Buen Samaritano usó de sus recursos personales para pagar los gastos del herido, además de los que habría de incurrir hasta que se recuperara totalmente y pudiera regresar a su lugar de origen. El evangelista incluye esta acción para resaltar la importancia de la inversión económica personal en beneficio y ayuda al necesitado.

Por estas razones, tanto las congregaciones como cada miembro en ellas deben llegar a esta convicción y tomar parte activa de esta inversión. Por supuesto, la parábola no nos relata cuál era la situación económica del Buen Samaritano. No sabemos si era una persona con recursos abundantes o escasos, pero lo cierto es que la persona dio de su dinero para ayudar al necesitado. Ahora, muchas personas pueden argumentar, con justa razón, que ellos también se encuentran en necesidad y que por eso no pueden ayudar económicamente al necesitado. Por eso el capítulo anterior ofrece alternativas para que estas personas colaboren en el servicio social de alguna otra manera. Sin embargo, atender las necesidades de las personas vulnerables irremediablemente requiere recanalizar los recursos económicos, separando una porción para proveer la ayuda necesaria.

Por lo tanto, un plan a largo plazo debe incluir un plan financiero en el cual se elabore un presupuesto con partidas específicamente designadas para la ayuda social y la atención de las necesidades del prójimo. Esta inversión económica representa el carácter y la responsabilidad cristiana. No debe de ser vista como una transacción financiera en donde se espera que la inversión otorgue dividendos o ganancias materiales. Más bien, debe ser vista como una buena administración de los recursos materiales que Dios nos ha otorgado para usar y compartir siguiendo sus instrucciones y recomendaciones, como hemos visto en la parábola del Buen Samaritano.

De la misma manera, esta conversación sobre el uso y la distribución de los recursos monetarios, tanto personales como de la congregación, nos lleva a entender la importancia e implicaciones de declarar a Jesucristo como el Señor. Si Jesús es el dueño y señor de nuestra vida, y si al hacer esta declaración reconocemos que todo lo que tenemos es porque Dios nos lo ha otorgado, entonces la administración de estos recursos debe de seguir pautas y parámetros marcadas y ejemplificadas por Jesús. Si lo anterior es cierto, entonces nuestros bienes materiales y monetarios deben ser vistos no como propiedad privada, ni como privilegios obtenidos con el sudor de nuestra frente, sino como recursos que provienen de Dios; como medios que Dios nos ha enviado para cuidar de su pueblo y de su creación.

Es decir, Dios nos ha concedido la vida y salud para poder laborar y conseguir el sustento nuestro y de nuestra familia. Pero puesto que la vida es una dadiva divina, entonces en reconocimiento de esta dadiva hay que evaluar nuestra vida y los recursos con los cuales contamos para disfrutar de ella, pero no como propietarios. Somos administradores, ya que reconocer que Dios es el dador de la vida y que Jesús es el Señor de ella nos hace administradores de nuestra vida y de los bienes materiales que se nos han prestado. Efectivamente hay que hacer un cambio radical, abandonando la idea de que somos los dueños de nuestro dinero y de nuestra vida, para empezar a tomar la responsabilidad de vivir como administradores de los recursos que pertenecen a Dios. Debemos empezarlos a usar de la manera que Dios desea, lo cual ya explicamos en el primer capítulo de este libro. Por lo tanto, un plan a largo plazo deberá incluir un reajuste tanto de las finanzas personales y como de las finanzas de la congregación. Además, debe incluir un reajuste de nuestra actitud en relación a Dios y a los seres que nos rodean, para buscar reflejar la bondad y buena voluntad del Buen Samaritano y por supuesto la generosidad y humildad de Jesús en relación a la gente necesitada.

Finalmente el último objetivo a largo plazo y quizás el más difícil de alcanzar es el de encontrar las causas que ocasionan las necesidades de los individuos en la comunidad. Esto es necesario ya que las respuestas a corto plazo están encaminadas a atender los síntomas, mientras que las respuestas a largo plazo buscan encontrar soluciones a las causas de la «enfermedad» que causa los síntomas. Obviamente, este paso es delicado y requiere tiempo y trabajo, además de un estudio analítico exhaustivo de la comunidad. Las soluciones a los problemas sociales y a las necesidades personales tienden a estar conectadas con posiciones políticas y con ideales de lo que significa el bien común. Por lo tanto, las siguientes páginas no pretenden tomar una posición política sino ofrecer métodos que han sido utilizados con éxito en otros contextos, analizando factores que deben ser considerados como parte de este análisis comunitario.

LA RELACIÓN ENTRE EL INDIVIDUO Y LA SOCIEDAD

¿Quién es responsable? Al tratar de responder esta pregunta, en primer lugar, hay que analizar y entender la relación que existe entre la responsabilidad personal y la responsabilidad comunitaria. Debemos tratar de buscar las causas que las necesidades humanas, es decir ¿por qué algunas personas viven con necesidad cuando las demás las han podido superar? En respuesta a esta pregunta hay dos tendencias que pretenden dar identificar la raíz de las necesidades humanas. Una de ellas se enfoca en el individuo[3] y la otra en la sociedad[4]. Los que afirman que los individuos son responsables por sus necesidades, afirman que estas personas sufren necesidades porque han tomado decisiones que no han sido sabias y porque no han sabido usar las oportunidades que la sociedad les ha ofrecido, como lo son educación gratuita, oportunidades de trabajo, ayuda médica, etc. Este tipo de respuesta busca cambiar al individuo, ya que es la persona en necesidad la que está equivocada y la que no ha sabido aprovechar las oportunidades. Por lo tanto, la sociedad y el sistema que sostiene a la comunidad no es responsable por las decisiones equivocadas de estas personas, puesto que la sociedad le ha brindado oportunidades que los individuos, por alguna razón, no han sabido aprovechar. Los que afirman y sostienen esta posición proponen que la solución a las necesidades humanas es la de cambiar a cada persona, educándola y haciéndola responsables de sus decisiones. Por lo tanto, los programas educativos para instruir y cambiar la forma de pensar y las actitudes de las personas con necesidad son la forma más común de dar respuesta y solución a los problemas sociales.

Desde el punto de vista cristiano, propuesta y método también es considerada como una respuesta válida y efectiva. Para los que afirman este método y creen en la validez del mismo, la solución está en cambiar la actitud y la forma de pensar del individuo, pero en este caso es a través de la conversión al cristianismo de cada persona. Por lo tanto, este método promueve la evangelización persistente y activa de la gente vulnerable, ya que ellos más que los demás, necesitan ser salvos puesto que sus vidas están plagadas de errores y culpas que los han llevado a una condición deplorable tanto en el ámbito físico como en el espiritual. La solución efectiva y, sin lugar a duda, la respuesta necesaria a sus problemas es la aceptación de Jesucristo como Señor y Salvador de sus vidas. Una vez que las personas han tomado esta decisión, se espera que las causas de los problemas desaparezcan y sus vidas empiecen a notar una mejoría espiritual, social, física, e inclusive financiera.

Esta respuesta tiene sus puntos validos pero, a la vez, tiene debilidades notables. Los puntos validos y positivos que están presentes en esta posición tienen que ver con la realidad de que varias de las personas que vienen a nuestras iglesias a pedir ayuda y que tienen necesidades monetarias, lo hacen porque en muchos de los casos han malgastado su dinero en vicios, como lo son el alcohol y tabaco. Es decir, vienen a pedir ayuda para satisfacer las necesidades básicas, como lo es el alimento diario, pero en varias ocasiones estas mismas personas usan sus recursos limitados para comprar alcohol y tabaco. Debido a estas experiencias, la posición anterior tiene validez y la sugerencia de que la raíz del problema se encuentra en las decisiones personales del individuo es evidente en un caso como este.

Sin embargo, esta posición tiene a pasar por alto la responsabilidad social de la comunidad. Por ejemplo, siguiendo este mismo caso que acabamos de mencionar, esta posición no ve ningún problema con la sociedad que permite la venta de alcohol y el establecimiento de múltiples locales para su venta dentro de ciertas colonias. Es decir, no ven problema alguno en que operen una o más tiendas por cuadra donde se promueva la venta de alcohol y tabaco en una colonia, cuando obviamente los permisos de operación para estas tiendas fueron otorgados por el gobierno de la ciudad, del condado o por el estado mismo. También desde el punto de vista cristiano, ambos aspectos, positivos y negativos, se encuentran presentes: Si la persona acepta a Jesús como Señor y Salvador, entonces todos sus problemas de índole social deben desaparecer. Empero, la experiencia nos muestra que este no es el caso, ya que hay muchos cristianos con una vida dedicada al Señor y que han aprovechado las oportunidades que la sociedad les ofrecen que a pesar de esto todavía son víctimas de injusticias sociales como discriminación y racismo. En muchas ocasiones, las personas que aceptan la fe cristiana como un estilo de vida, superan sus vicios y adicciones, experimentando una mejoría en su situación económica, dado a que el dinero ahora es utilizado de una manera más provechosa. Sin embargo, otras continúan batallando para lograr la sobriedad.

Obviamente, hay más detalles acerca de este punto de vista, el cual asume que la responsabilidad personal es el factor principal.

Sin embargo, por razones de espacio y con el afán de dar una explicación práctica de esta forma de pensar, estas líneas pretenden presentar de una manera sencilla y práctica una de las formas que pretenden dar solución a los problemas sociales y personales que enfrentan las personas en nuestra comunidad.

Por otra parte, hay quienes argumentan que las necesidades humanas no son en su mayoría el resultado de decisiones personales y de no saber aprovechar las oportunidades individuales que la sociedad y el gobierno brindan. Al contrario, la siguiente alternativa precisamente culpa a la sociedad y a los sistemas que la sostienen como responsables y causantes de la mayoría de las necesidades humanas. Este método afirma y sostiene que la raíz de los problemas sociales es sistémica, es decir, que existe un sistema, una forma de vida que es aceptada como la mejor alternativa, pero este sistema sólo beneficia a algunos miembros de la sociedad y niega de una manera consistente la participación y superación de otros. Los miembros que se benefician de este sistema, en su mayoría, son personas con autoridad, poder y recursos materiales, mientras que los que sufren y son relegados tienden a ser los que no tienen los medios para hacer su voz audible. Por lo tanto, sus opiniones son omitidas y sus oportunidades limitadas.

Desde este punto de vista, no son los individuos no la que tienen que cambiar, ya que las personas con necesidades básicas son víctimas de la opresión y de la discriminación del sistema presente en la sociedad. Por lo tanto, este tipo de análisis, en respuesta a las necesidades humanas, pretende cambiar el sistema de privilegio y exclusión, en el cual unos se aprovechan de los otros, los poderosos de los vulnerables, bajo un sistema que lo permite. Los que están a cargo del sistema promueven la opresión y el discrimen de una manera consciente o inconsciente.

Quizás la mejor manera de explicar esta forma de pensar y método de analizar la sociedad y sus problemas es con ejemplos que nos ayuden a ver la importancia del sistema de privilegio como la causa principal de los problemas sociales en nuestras comunidades. El ejemplo que utilizaré para explicar este punto de vista proviene de mis conversaciones de consejería pastoral, particularmente con mujeres que han sido abusadas por sus novios, esposos y otros hombres en posiciones de autoridad. En estas conversaciones, he encontrado que ciertos aspectos se encuentran presentes de una manera u otra en cada situación. En primer lugar, la víctima no puede visualizar una vida diferente; no puede verse de una manera independiente y, por lo tanto, no puede dejar a la persona que abusa de ella, ya que está convencida que ella depende totalmente del abusador y dejarlo implica dejar de existir, abandonando el sustento y seguridad tanto para ella como para sus hijos, si se encuentran presentes. La persona en autoridad afirma su posición de diferentes maneras. Algunos lo hace de una manera violenta, otros lo hacen de manera emocional y aun otros usan la Biblia u otras explicaciones espirituales que los definen como superiores. Independientemente de la manera de opresión, su objetivo es afirmar, corroborar y establecer que hay alguien en autoridad y que la víctima está sujeta a esta autoridad sin ninguna alternativa. La realidad de la víctima es definida por la persona en poder y autoridad.

En este caso las posiciones sociales de ambas personas, tanto del abusador como de su víctima, son afirmadas por grandes sectores de la sociedad, que constituyen parte del sistema que determina la realidad. Por ejemplo, consideremos la historia del machismo en Latinoamérica, donde la actitud de superioridad de los hombres con respecto a la mujer es justificada de una manera cultural y tradicional. Además, hay expresiones religiosas en las cuales la superioridad del hombre es justificada con las Escrituras. De la misma manera, existen normas sociales, familiares y tradicionales que indican, permiten y promueven este tipo de conducta. Finalmente, la medios de comunicación y la cultura popular– con canciones, novelas y reportajes –también sancionan y hacen la superioridad del hombre sobre la mujer algo «normal» y aceptable.

Ante estas evidencias, alguien podría argumentar que las leyes son equitativas, que las normas establecidas por la sociedad son justas y que no están determinadas por el género de las personas. Sin embargo, una simple evaluación de las personas que están a cargo de ejecutar las leyes y normas revelará que la mayoría, sino la totalidad, de las personas en autoridad y con el poder de ejercer autoridad son del género masculino y por lo tanto consciente o inconscientemente tienden a favorecer, proteger y estar en alianza con los hombres, particularmente cuando se trata de decidir en situaciones de disputa entre parejas. Por estas razones, las mujeres que sufren y que son abusadas no creen que pueda haber otra alternativa y simplemente viven con este tipo de injusticia como parte de su realidad. Y, lo que es peor, muchas de ellas son culpadas, ya sea porque ellas escogieron a su pareja y no se dieron cuenta del tipo de persona que era, o porque son ellas las que no han sabido satisfacer y atender bien a su pareja, ya que si ellas lo hicieran, los hombres no estarían molestos con ellas.

De la misma manera, las personas que se encuentran en estado vulnerable y sufren de necesidades básicas en nuestra sociedad y nuestras comunidades, muchas veces se encuentran «atrapadas» en su realidad. Al igual que las mujeres en situaciones abusivas, ellos son vistos como los únicos culpables de las consecuencias de sus decisiones y el sistema no hace responsable por su condición. En el ejemplo pastoral anterior es obvio para el que escucha este tipo de narrativas que la victima debe de buscar una solución y salida inmediata ante la situación de abuso y opresión en la que se encuentra. Empero, la víctima muchas veces no es capaz de tomar esta decisión por sí sola, ya sea por temor y porque simplemente no puede visualizar otra realidad, otra vida.

En el caso de las personas vulnerables y con necesidades básicas, muchas veces en la comunidad donde ellos viven hay leyes injustas que niegan sus derechos; hay prácticas comunes que se han establecido y que niegan la participación activa de estas personas en las decisiones importantes de la comunidad; también hay estereotipos bien definidos que categorizan a estas personas en grupos y estas categorías tienen connotaciones inferiores y serviles; y, aun más, el sistema educativo y político defiende, consciente o inconscientemente, a los que se encuentran en el poder, manipulando e interpretando la historia y la realidades presentes, en las cuales los poderosos y los que tienen autoridad son exentos de responsabilidad y la culpa de la pobreza y los malestares sociales recae en las decisiones personales de las personas vulnerables.

Este tipo de análisis es un poco más difícil de ser comprender debido a que el sistema está bien establecido y la gente en poder argumenta su eficacia y lo define como algo normal; como algo que ya está establecido y que promueve el bienestar común. Por ejemplo, volviendo el caso pastoral mencionado, muchas de estas mujeres me han confesado que en su búsqueda de ayuda alguien les recomendó que debieran continuar en la relación por el bienestar y la integridad familiar. Es decir, si ellas desean separarse y dejar al cónyuge, entonces ellas serán culpables de destruir la integridad familiar y sus hijos sufrirán por la decisión «egoísta» que ellas están contemplando. De igual manera, los que dicen que las practicas de segregación, racismo, machismo, desigualdad educativa, desigualdad en la participación en la vida política y la desigualdad de la distribución económica, son parte del sistema tienen gran dificultad para comprobarlo, pues precisamente sus argumentos van en contra del sistema de poder y autoridad ya establecido. Por lo tanto su posición es considerada como «revolucionaria» y como una fuerza que «desestabilizar» el bienestar común de la sociedad, ya que el sistema funciona y los individuos son los que deben de cambiar.

Quienes hemos sufrido discriminación racial podemos entender cuán difícil es argumentar que el sistema facilita, ayuda y afirma estas prácticas. En varias ocasiones, miembros de mis congregaciones anteriores han sido detenidos por la policía por la única y simple razón de ser hispanos conduciendo un vehículo. He escuchado las mismas experiencias de personas afro-americanos, que también son detenidas debido a su categoría racial. Sin embargo, es difícil comprobar que estas y otras prácticas son discriminatorias y racistas, puesto que cuando se utiliza este tipo de argumento, uno va en contra del sistema ya establecido. A pesar de que uno lo sabe y lo ha vivido, no se puede comprobar fácilmente. Pero quienes afirman que el problema es sistémico, nos ayudan de gran manera a ver la influencia que ejercen las personas que tienen autoridad y poder en la creación y sustentación del problema. Estas personas, consciente o inconscientemente, favorecen el sistema de privilegio con sus decisiones y utilizan su autoridad y sus recursos para perseverar el sistema, de acuerdo a ellos, buscando el bienestar común. Por lo tanto, para solucionar los problemas sociales de nuestra comunidad a largo plazo, es necesario identificar a las personas que tienen el poder y la autoridad para tomar decisiones importantes, ver qué tipo de agenda promueven, a quienes protegen y cuáles son sus intereses, ya que estos sin lugar a duda serán parte del sistema y de su definición del bienestar común.

Desde el punto de vista cristiano, esto es aun más complicado ya que muchas personas simplemente entienden la vida cristiana como una decisión personal sin ningún efecto e implicación social. Es decir, piensan que la fe cristiana sólo se preocupa por cada individuo en particular y no por el bienestar social en general, ya que este cambiará cuando la suma de los que han sido salvados individualmente sea suficientemente significativa para tener un efecto en la sociedad en general.

Sin embargo, los que afirman que el origen de los problemas sociales es sistémico también ofrecen una alternativa desde el punto de vista cristiano y para ello utilizan la historia del Éxodo. Basados en esta historia, afirman que Dios interviene para ayudar a su pueblo ante condiciones sistemáticas de opresión como en este caso lo es la esclavitud impuesta por faraón. También quienes apoyan este punto de vista ven el mensaje de los profetas como otra expresión de que Dios demanda justicia y exige cambio social ante las circunstancias opresoras, tanto del pueblo de Israel hacia otras personas, como de otros reinos hacia el pueblo de Israel. Pero no sólo en el Antiguo Testamento hay bases que sirven como fundamento para esta posición, ya que el mismo mensaje de Cristo es visto como un mensaje subversivo y revolucionario. Por ejemplo, el hecho que Jesús promueve un reino en el cual los últimos serán los primeros y que hablar de un reino distinto al Imperio Romano implicaba un cambio en el estatus político puede ser visto como un crimen por el gobierno Romano. Y aún más, en este reino el atender las necesidades del prójimo es más importante que seguir las leyes y tradiciones establecidas por el pueblo judío. Por lo tanto, el mensaje de Jesús, el mensaje del Reino de Dios proclamado por él con hechos y palabras, es un mensaje que desafía el sistema establecido, demandando atención para el necesitado. Jesús busca establecer un reino que no está basado en parámetros humanos sino principios de amor, servicio, misericordia y justicia. El Evangelio de Marcos lo describe de esta manera:

Mas Jesús, llamándolos, les dijo: Sabéis que los que son tenidos por gobernantes de las naciones se enseñorean de ellas, y sus grandes ejercen sobre ellas potestad. Pero no será así entre vosotros, sino que el que quiera hacerse grande entre vosotros será vuestro servidor, y el que de vosotros quiera ser el primero, será siervo de todos. Porque el Hijo del Hombre no vino para ser servido, sino para servir, y para dar su vida en rescate por muchos (Marcos 10: 42-45)

En este pasaje el contraste entre el sistema de gobierno secular y el del reino de reino de Dios es obvio, ya que el secular por definición es opresor y el de Dios demanda servicio, humildad y «negarse a uno mismo» por el bienestar de los demás, tal como el mismo Jesús lo hizo, entregando su vida en amor y servicio por los demás. Por lo tanto, el sistema político secular busca el beneficio personal y establece sistemas de privilegio que protegen a los poderosos, incrementando la autoridad de los que tienen el control. Por esta razón, las personas vulnerables, los necesitados y quienes se encuentran al margen de la sociedad no tienen participación en este sistema. Aun más, son vistos como los responsables, individualmente, de su condición. Jesús responde que, en lugar de buscar el beneficio personal y mantener el estatus quo, desea seguir los principios del reino de Dios que busca el servir a los demás.

Pero no solamente el evangelio de Marcos ofrece evidencias del mensaje del reino de Dios, el cual demanda un cambio sistemático; también Lucas hace la conexión entre el mensaje de los profetas del Antiguo Testamento y la vida y ministerio de Jesús. En este evangelio el inicio del ministerio de Jesús sigue esta misma pauta y revela su agenda de esta manera:

Vino a Nazaret, donde se había criado; y en el día de reposo entró en la sinagoga, conforme a su costumbre, y se levantó a leer. Y se le dio el libro del profeta Isaías; y habiendo abierto el libro, halló el lugar donde estaba escrito: «El Espíritu del Señor está sobre mí, por cuanto me ha ungido para dar buenas nuevas a los pobres; me ha enviado a sanar a los quebrantados de corazón; a pregonar libertad a los cautivos, y vista a los ciegos; a poner en libertad a los oprimidos; a predicar el año agradable del Señor». Y enrollando el libro, lo dio al ministro, y se sentó; y los ojos de todos en la sinagoga estaban fijos en él. Y comenzó a decirles: Hoy se ha cumplido esta Escritura delante de vosotros. (Lucas 4: 16-21)

Los que apoyan y afirman que Jesús, su vida, ministerio y mensaje, promueve el cambio sistémico ven el pasaje anterior como una evidencia de que desde el principio Jesús señala la importancia de atender y dar solución a los problemas sociales no de una manera personal sino promoviendo cambios al sistema que mantiene a personas en cautiverio, en opresión. Para ellos la vida de Jesús demuestra el deseo de cambiar las condiciones sociales a su estado original; es decir, a vivir en armonía y paz, donde no existe pobreza ni oprimidos y opresores. En fin, Jesús da una solución a la raíz del problema y no solo a los síntomas del mismo.

Atender las necesidades de las personas vulnerables a largo plazo requiere un análisis de la sociedad que sin lugar a duda nos lleva a tomar posiciones políticas e ideológicas que en muchas ocasiones pueden convertirse en obstáculos al trabajar por el bienestar de los demás. Por ejemplo, como lo hemos descrito anteriormente, las dos formas más comunes de analizar la sociedad traen consigo connotaciones e implicaciones que algunas personas etiquetarán de «conservadora» o «liberal»; de «izquierda» o de «derecha»; como republicano o demócrata. Y, a pesar de que estas conexiones son parte de la realidad, quizás lo más prudente sería buscar una manera de atraer a ambos grupos para trabajar juntos por el bienestar social, quizás buscando llegar a un acuerdo en el cual ambos aspectos sean atendidos, es decir tanto el social como el personal, y no hacer de estos métodos mutuamente exclusivos. Es decir, en lugar de ver el problema como algo sólo social o solo personal, debemos trabajar en unidad para buscar el beneficio y la solución a los problemas de los cientos y, en algunos casos, miles de personas en nuestras comunidades que se encuentran en desesperación y en busca de una ayuda. El desafío es trabajar juntos y buscar soluciones tanto sociales como personales, pero siempre teniendo en mente que el objetivo principal no es buscar nuestro propio interés, sino buscar el bienestar, social y personal de la gente necesitada en nuestras comunidad.

Que Dios nos ayude con sabiduría, paciencia y perseverancia al buscar soluciones a largo plazo en nuestra tarea de servir al prójimo.

5

Aprendiendo de los demás: Un ejemplo histórico

Quizás una de las figuras históricas más prominentes entre los hispanos en Estados Unidos en el trabajo de acción social con fundamentos en la fe cristiana sea César Chávez.[5] Él fundó la unión de trabajadores del campo con el propósito de obtener salarios y condiciones de trabajo justas para todos los trabajadores, sin importar su origen étnico. En su labor por el bienestar social y en la creación de la unión de trabajadores del campo, la fe cristiana de César Chávez es notable. Podemos observar sus conexiones religiosas desde su infancia –cuando la influencia de su madre, de su abuela y su devoción a la fe católica fueron aspectos de suma importancia en su formación cristiana– y en su vida adulta. Su fe moldeó su forma de entender la acción social.

Juana Estrada y Dorotea Chávez, madre y abuela respectivamente de César Chávez, le instruyeron en la importancia de buscar solución a los problemas sociales desde un punto de vista pacifico y no violento. Este aspecto fue fundamental en el movimiento que César organizó. Ambas mujeres educaron a César en la fe cristiana y le demostraron con sus palabras y hechos la importancia y eficacia de trabajar por una sociedad mejor, en el nombre de Dios y por amor a nuestros semejantes. César Chávez trabajó por más de treinta años, hasta su muerte en el año 1993, buscando el bienestar de trabajadores migrantes que sufrían de pobreza extrema a pesar de trabajar diariamente en la cosecha de frutas y verduras.

Durante estos treinta años, César Chávez se convirtió en el líder más importante del movimiento a favor de los campesinos y su trabajo consiguió innumerables victorias y beneficios para ellos. Esta labor es aún más sorprendente al tomar en cuenta que César Chávez fue educado en una comunidad migrante y, por esta razón, estuvo inscrito en más de diez escuelas, contando las de primaria y secundaria. Las circunstancias lo obligaron a dejar el sistema educativo antes de terminar el octavo grado para trabajar en el campo en compañía de sus padres, hermanos y hermanas. Sin embargo, la fe cristiana y la formación de recibió de parte de su madre y su abuela, lo llevaron a no solo a imaginarse un futuro mejor, sino a organizar cientos y miles de trabajadores del campo y conseguir salarios justos y condiciones laborales propias. Por lo tanto el ejemplo de César Chávez puede ser de gran utilidad al examinar cómo una persona como él obtuvo los logros para la comunidad en general.

Es importante notar que el trabajo de César Chávez ocurre en un tiempo en cual los Estados Unidos experimentaron grandes cambios sociales, muchos de los cuales tuvieron sus inicios en grupos religiosos. Particularmente, en el año de 1966 César Chávez al igual que otros líderes cristianos (como lo fue su contemporáneo el Dr. Martin Luther King, Jr.) empezaron a buscar la manera de conectar la fe cristiana a la realidad social de la comunidad en la cual se encontraban ministrado. En el caso de César Chávez, su comunidad era una diversa. Consistía de trabajadores mexicanos, méxico-americanos y filipinos. Además de estas diferencias, la comunidad era 50% protestante y 50% católica. Por todas estas razones, unir a la comunidad y buscar el bienestar de todos los grupos parecía algo imposible de lograr, pero gracias a la labor y la visión de César Chávez, esta y muchas otras comunidades recibieron los beneficios de la organización que Chávez fundó.

Para quienes desean trabajar a favor de la gente vulnerable el ejemplo de César Chávez tiene gran relevancia puesto que las circunstancias adversas eran enormes. Sin embargo, la determinación y el método utilizado por Chávez proveen no solo un ejemplo a seguir pero también confirman algunas de las pautas que se han presentando en los capítulos anteriores, como discutimos a continuación de una manera breve.

En primer lugar, César Chávez tuvo la habilidad de identificar líderes y de buscar la manera de trabajar en conjunto con ellos. Por esta razón, Chávez logró de formar un equipo de trabajo constituido por: César Chávez, Reies López Tijerina, Corky Gonzales y José Ángel Gutiérrez, quienes rápidamente se convirtieron en figuras sobresalientes al nivel nacional y quienes representaban los intereses de la comunidad. Estos líderes, a pesar de sus diferencias ideológicas, formaron un frente común gracias al liderazgo de Chávez, quien siempre mantuvo el interés de la comunidad como la prioridad principal, poniéndolo por encima de los intereses de cada persona o grupo en particular. Precisamente por esta razón, César Chávez fue quien tuvo la habilidad de conseguir el apoyo de la comunidad en general, incluyendo los diferentes grupos étnicos y religiosos. Mostró habilidad para buscar la manera de identificarse con ellos, particularmente con el sufrimiento y las injusticias que enfrentaban cada día por las condiciones de trabajo y falta de protección de legal. Este tipo de identificación con el sufrimiento y las injusticias demuestra la importancia de una solidaridad que nace del amor al prójimo y que tiene un interés genuino en buscar su bienestar, sin importar las diferencias étnicas y religiosas. Este tipo de identificación no busca el beneficio personal o de un grupo en particular, sino busca aliviar el dolor, el sufrimiento y las injusticias de la comunidad en general siempre buscando los aspectos que unen el lugar de enfatizar las diferencias que dividen. Sin lugar a duda, Chávez y quienes le seguían estaban conscientes de este propósito y lo vivían en cada momento de sus vidas. Y, por supuesto, la comunidad en general de inmediato vio la sinceridad y la actitud genuina de cada uno de los líderes, pero principalmente en Chávez.

Historiadores y varios biógrafos de César Chávez afirman que quienes apoyaban el movimiento a favor de los trabajadores del campo eran un grupo de personas con gran diversidad, entre ellos anglo-sajones, filipinos, mexicanos, méxico-americanos; la mitad eran protestantes y la otra mitad católicos. Ante esta evidencia histórica, que resulto ser muy efectiva, hay que preguntarse: ¿Qué fue lo que hizo César Chávez para lograr la movilización y organización de este grupo que fue de tanto beneficio y ayuda para la comunidad en general? ¿Cómo fue que logró convertirse en el líder religioso, en el organizador comunitario y en el representante de la causa de los derechos e intereses de su comunidad?

En respuesta breve a estas preguntas, y afirmando algunas de las pautas ya mencionadas, la siguiente descripción pretende darnos un marco de referencia para seguir el ejemplo de César Chávez en nuestras propias comunidades y buscar la manera de utilizar algunos de estos factores que se puedan aplicar e incluir en nuestro trabajo a favor de la comunidad en la cual ministramos.

En primer lugar, la mayoría de las personas que trabajaron junto a Chávez afirman que una de las características esenciales de su liderazgo fue el **marcado y sincero respeto por cada persona de la comunidad**. César Chávez siempre fue considerado como un hombre humilde, con un sincero deseo de servir a los demás. Y, por estas mismas razones, César respetaba cada persona y lo que ella representaba. Es decir, si había diferencias religiosas, culturales, o étnicas César Chávez se concentraba en buscar el beneficio de cada persona en particular, no protegiendo a personas de su grupo solamente, sino velando por el bienestar de cada persona y, obviamente, respetando y aceptando a cada persona tal como era. De la misma manera y sus discursos públicos y sus campañas a nivel estatal y local, siempre buscaba la manera de hablar de cada grupo y de cada persona involucrada en el movimiento que él representaba. Cuando reporteros y los medios de comunicación empezaron a tomar interés en César Chávez uno de los aspectos que siempre era cuestionado era visión de una comunidad mejor de acuerdo al tipo de valores que él representaba. César Chávez respondió a esto de la siguiente manera:

> Mientras existan grupos minoritarios, los cuales no tengan las mismas protecciones y derechos que los demás –no me importa como se llame el sistema, ya sea comunismo o capitalismo– este tipo de organización no va a funcionar. De alguna manera las personas poderosas tienen que ser alcanzadas y desafiadas por fuerzas opuestas que representen los intereses de los que no tienen poder y buscar que cambien en su mente y su corazón.[6]

Como resultado de su interés genuino por cada persona, Chávez toma el siguiente paso, el cual consiste en su identificación personal con el sufrimiento de cada persona, buscando la manera de dar respuesta a la redistribución del poder y de la autoridad. Como la cita anterior lo indica, para Chávez el estar interesado en el bienestar de la comunidad, entender su sufrimiento y respetar a cada persona, no son aspectos suficientes para corregir estas injusticias y cambiar la realidad cotidiana que cada persona enfrenta. Chávez va aún más allá y busca la manera de atender la situación y proveer una solución a la raíz del problema, que para él está centrada en la redistribución de poder.

Un evento que sirve como un excelente ejemplo de la manera práctica en la cual Chávez buscaba la redistribución del poder y la autoridad; y en el cual él mismo se identifica con el sufrimiento y sacrificios de las personas de la comunidad, aconteció en una pequeña comunidad. Empero, a pesar de que esta era una comunidad pequeña, la misma contaba con gran diversidad étnica. Esta pequeña y diversa comunidad lleva por nombre Delano, una ciudad localizada al norte de Bakersfield, California.

En esta comunidad, los trabajadores Filipinos habían iniciado una huelga de trabajo en protesta por los salarios que recibían por su labor en la cosecha de las uvas. Aunque estos salarios eran muy bajos, estaban dentro del margen de la ley, porque a principios de 1965 los propietarios de las tierras y campos recibieron una dispensación «excepcional» de parte del Departamento del Trabajo de los Estados Unidos que les daba autorización de traer trabajadores temporales de México bajo un programa federal llamado «braceros». Esta «importación de brazos» como el mismo nombre del programa indica, asumía que los trabajadores de México trabajarían las mismas horas y a la misma intensidad que los trabajadores Filipinos, pero como los «brazos» (y su trabajo) eran «importados» de México y «protegidos» bajo el programa autorizado por el Departamento de Trabajo, los propietarios de los campos y en acuerdo con el gobierno federal acordaron que el salario de ellos debía de ser de $1.40 por hora. Mientras tanto, los trabajadores Filipinos, quienes no gozaban de este privilegio y quienes trabajan con la misma intensidad y las mismas horas al día, solo recibían $1.25 por hora. Y, aun peor, los trabajadores

México-Americanos, que tampoco contaban con esta protección, recibían $1.10 por hora.

Ante esta situación, César Chávez en su afán de buscar la unidad y bienestar de esta diversa comunidad, pero a la vez buscar la redistribución de poder para lograr salarios equitativos, pronto organizó varias reuniones en las cuales se dedicó a escuchar personalmente los puntos de vista de cada grupo involucrado; a escuchar de las injusticias y condiciones deplorables de personas que estaban dispuestas a compartir sus historias. Después de esto, Chávez, como el líder de la recién formada organización llamada Asociación de Trabajadores del Campo (en inglés, *The Farm Workers Association*, mejor conocida por sus siglas FWA), el 16 de Septiembre (día que se celebra la Independencia de México) llamó a todos los miembros de la organización a una huelga laboral. En respuesta al llamado de Chávez más de quinientos trabajadores y sus familias acudieron a la Iglesia de Nuestra Señora de Guadalupe en Delano, en donde Chávez de una manera muy emotiva se dirigió al grupo pidiéndoles apoyo, a lo cual los ahí reunidos pronto respondieron con voces afirmativas y con gran entusiasmo gritaban «¡Viva la causa!» Los siguientes grupos formaban parte de las más de quinientas personas reunidas allí: afroamericanos, puertorriqueños, filipinos, árabes, anglosajones, mexicanos y méxico-americanos, quienes constituían la mayoría del grupo. En esta reunión Chávez expresó lo siguiente:

> ...Nosotros, los mexicanos aquí en los Estados Unidos, al igual que los otros grupos de trabajadores del campo, somos parte en la lucha por libertad y dignidad la cual la pobreza nos niega. Pero esta lucha debe ser sin violencia, aun y cuando la violencia es usada en nuestra contra...La huelga laboral que ha sido iniciada por los Filipinos, no es exclusiva de ellos. Esta noche debemos de decidir si nos vamos a unir a nuestros compañeros trabajadores en esta gran lucha.[7]

Durante su discurso, Chávez explicó los sacrificios y el trabajo requerido para aquellos que tomaran la decisión de unirse a la huelga laboral que los Filipinos habían iniciado. También explicó que la organización recién organizada no contaba con los fundos económicos para pagar a los trabajadores durante la huelga y que, por lo tanto, los sacrificios serían serios y afectarían a toda la familia y la comunidad en general. Al final del discurso, la propuesta de huelga se llevó a votación y todo el auditorio voto a favor y además muchos empezaron a entonar la frase: «¡Que Viva la Huelga!», «¡Viva la Causa!» y «¡Viva César Chávez!».[8]

Las respuestas afirmativas y el apoyo que recibió César Chávez en esta reunión son el resultado directo de sus esfuerzos para buscar una causa común y unir esta comunidad tan diversa con un solo propósito. Esto es admirable, ya que la diferencia en salarios obviamente creaba gran tensión entre los grupos, ya que la tendencia natural de ellos era la de buscar el beneficio y la protección de cada grupo étnico. Sin embargo, Chávez tuvo la capacidad no solo de persuadir cada grupo a no buscar su interés personal, pero supo encontrar la manera de crear un objetivo común y unir la comunidad bajo este objetivo, cuando era obvio que para alcanzar este objetivo sacrificios personales y comunitarios serían requeridos, lo cual Chávez mismo anticipo en sus discursos y en sus conversaciones con la gente de la comunidad.

Las predicciones de Chávez con respecto a los sacrificios requeridos fueron muy ciertas ya que la huelga laboral, quienes muchos pensaban que a lo máximo solo duraría un año, duró un poco más de cinco años. Durante estos cinco años, Chávez y su organización continuaron con el mismo método y objetivo. Además de la huelga laboral, organizaron un boicot nacional en contra de los propietarios de los campos agrícolas, el cual consistía en dejar de comprar y consumir uvas cosechadas en estos campos. Además de este boicot, Chávez organizó marchas, manifestaciones y reuniones con diferentes líderes gubernamentales, siempre con el propósito de ayudar a los trabajadores del campo y buscar una justa redistribución del poder para resolver el problema de salarios equitativos.

La identificación personal con el sufrimiento de la comunidad y su deseo de buscar una justa redistribución del poder y autoridad son evidentes en las siguientes porciones de discursos de César Chávez, en los cuales afirmó:

Esta tarea no puede ser obtenida a menos que exista dedicación. Si vamos a dirigir y encabezar a la gente y si les vamos a pedir que sufran hambre y que hagan sacrificios, entonces, nosotros, los líderes, tenemos que hacer esto primero que ellos, tenemos que dar el ejemplo más que cualquier otra persona, porque no son los discursos, ni los decretos los que cuentan, pero más importante que esto son nuestras acciones como líderes de este movimiento.[9]

Y el mismo Chávez añade:

Como gente pobre y gente inmigrante, todos nosotros hemos traído cosas muy importantes, cosas del espíritu. Pero frecuentemente, somos sofocados y no se nos permite florecer esta sociedad... Los pobres de todos colores: negro, café, rojo, todos los colores, incluyendo al blanco, todos marchamos. Nos encontramos en medio de una de las revoluciones más grandes de este país, una revolución sin precedentes. Pero al final de este proceso, no importa cuentas huelgas ganamos, cuantos boicots son efectivos, cuantos propietarios se unen a nuestra causa, o cuanto poder político obtenemos, si en este proceso olvidamos a quien estamos sirviendo. Por lo tanto nunca debemos olvidar el elemento humano, la gente a la cual servimos, si nos olvidamos de este aspecto fracasaremos sin lugar a duda.[10]

Las palabras y las acciones de César Chávez nos dan un ejemplo claro y práctico a seguir. Quizás en nuestras comunidades no habrá necesidad de organizar huelgas laborales o boicots en contra de propietarios de campos. Sin embargo, el método que Chávez utilizó y lo llevó a tomar estas acciones es indispensable para desarrollar una respuesta apropiada a las necesidades de la comunidad. Por lo tanto, nuestra identificación personal con el sufrimiento humano y con las condiciones de injusticia son elementos esenciales en nuestra tarea de «acción social». A la vez, este método no estará completo hasta no alcanzar una solución que dé una respuesta efectiva al problema de la distribución justa y equitativa del poder y la autoridad. Chávez, motivado por esta forma de buscar soluciones efectivas y en su afán de identificarse con la gente que sufre, sostuvo en cinco diferentes ocasiones huelgas de hambre públicas por un total de 131 días; participó en seis diferentes marchas y manifestaciones, en las cuales caminó más de 1,500 millas; fue encarcelado tres veces por sus protestas (de manera pacífica) en contra de pesticidas y las condiciones laborales en los campos.[11] De nuevo, estas acciones nos dan un ejemplo y un curso a seguir cuando tenemos un sincero deseo de amar y respetar a nuestro prójimo para buscar el beneficio de la comunidad en general. Que Dios nos ayude para seguir el ejemplo de Chávez en nuestras propias comunidades ejemplificado en esta cita final:

> Yo creo que el fundamento de nuestra lucha por la justicia se encuentra en la religión. Está explicada y vivificada en el Cristianismo...Nuestro objetivo es el amor entre nosotros (los trabajadores del campo) y las demás personas. Pero al mismo tiempo, debemos de ser firmes en buscar y perseverar en lo que nosotros creemos que es justo. Yo no creo que podemos encontrar felicidad total solamente a través de la lucha por el poder, no importa cuántos beneficios obtengamos de ella. No que estos no sean importantes, yo soy el primero que diría que son muy importantes, pero creo que si divorciamos la lucha por la justicia y la religión no seríamos completamente felices aun y cuando obtengamos grandes beneficios. También hay algunos de nosotros en este movimiento que tenemos un convicción ferviente que el sacrificio es quizás el arma más importante en la lucha por la justicia. Y la religión es el fundamento para fortalecernos en nuestros sacrificios.
>
> ...Si tenemos mucha gente religiosa con nosotros, entonces es más difícil que andemos torcidos. Porque como ustedes saben, tenemos sacerdotes y pastores, personas que en sus propias vidas reflejan valores éticos y morales. La religión se ajusta a nuestra lucha, porque yo creo que nuestra gente, particularmente la gente pobre, tienden a ser más religiosos que las personas promedio de nuestro mundo, por lo tanto al usar religión en nuestra lucha estamos representando a la gente pobre. El uso de la religión no es nada extraño para ellos. Ayunamos como parte de nuestras tradiciones religiosas, estos y otros eventos son parte de nuestra identidad religiosa y humana, y ambas revelan nuestra lucha por la justicia.[12]

Notas bibliográficas

[1]Las siguientes reflexiones bíblicas, tanto del Antiguo como del Nuevo Testamento, tienen sus fundamentos principales en los siguientes recursos:

Joel B. Green, Salvation: *Understanding Biblial Thems*. (St. Louis. MO: Chalice Press, 2003)

Richard A. Horsley with John S. Hanson, *Bandits, Prophets, and Messiahs*. (Harrisburg, PA: Trinity Press International, 1999).

Bruce J. Malina, *The Social Gospel of Jesus: The Kingdon of God in Mediterranean Perspective*. (Minneapolis: Fortress Press, 2001).

Stephen Charles Mott, *Biblical Ethics and Social Change*. (New York: Oxford University Press, 1982).

Howard A. Snyder, *A Kingdom Manifest*. (Eugene, Oregon: Wipf and Stock Publishers, 1997)

[2]Las preguntas propuestas en esta sección están basadas en y adaptadas del trabajo de Joe Holland y Peter Henriot S.J., *Social Analysis: Linking Faith and Social Justice*. (Maryknoll: Orbisd Books, 1983).

[3]Entre las personas que proponen este tipo de solución se encuentra Billy Graham (particularmente durante sus primeros años de ministerio), como es evidente en la siguiente cita: "La misión principal de la iglesia es espiritual y consiste en la predicación del evangelio de salvación personal a través de la fe en el sacrificio expiatorio de Cristo. El testimonio social puede ser una extensión de la vida de la persona regenerada en la sociedad pero

no debe ser incorporada en la vida de la iglesia como un objetivo principal". Billy Graham, "A Clarification", *Christianity Today*, 19 January 10973, p. 36.

[4]Entre quienes sostienen esta posición se encuentran los siguientes autores:
Walter Rauschenbusch, *A Theology for The Social Gospel*. (Louisville, KY: Westminster John Knox Press, 1997).
Gustavo Gutiérez, *A Theology of Liberation: History, Politics, and Salvation*. (Maryknoll: Orbis Press, 1988).

[5]Los datos y detalles de la vida, historia, y trabajo de César Chávez provienen de los siguientes libros:
Ronald B. Taylor, *Chavez and the Farm Workers* (Boston: Beacon Press, 1975).
Eugene Nelson, *Huelga: The First Hundred Days of the Great Delano Grape Strike* (Delano: Farm Workers Press, 1966).
Peter Matthiessen, *Sal Si Puedes: Cesar Chavez and the New American Revolution* (New York: Random House, 1973).
Mark Day, *Forty Acres: Cesar Chavez and the Farm Workers* (New York: Praeger, 1971).

[6]Ronald B., Taylor, *Chavez and the Farm Workers*. (Boston: Beacon Press, 1975), 75.

[7]Eugene Nelsdon, *Huelga: The First Hundred Days of the Great Delano Grape Strike* (Delano: Farm Workers Press, 1996) 136. (Mi traducción).

[8]Ibid., 106. (Mi traducción).

[9]Peter Matthissen, *Sal Si Puedes: Cesar Chavez and the New American Revolution* (New York: Random House, 1973), 104. (Mi traducción).

[10]Mark Day, *Forty Acres: Cesar Chavez and the Farm Workers* (New York: Praeger, 1971), 12. (Mi traducción).

[11]Chris Glaser, "Denial of the Body", *Christianity and Crisis* 26 (Sep. 26, 1988): 309-10. And Patricia Hoffman, Ministry of the Dispossed-Learning from the Farm Workers Movement (Los Angeles Wallace Press, 1987) 62, (Mi traducción).

[12]Cesar Chavez, "Our Best Hope", *Engage* Vol. 2, Num 5 (Nov. 11, 1969): 17. (Mi traducción).